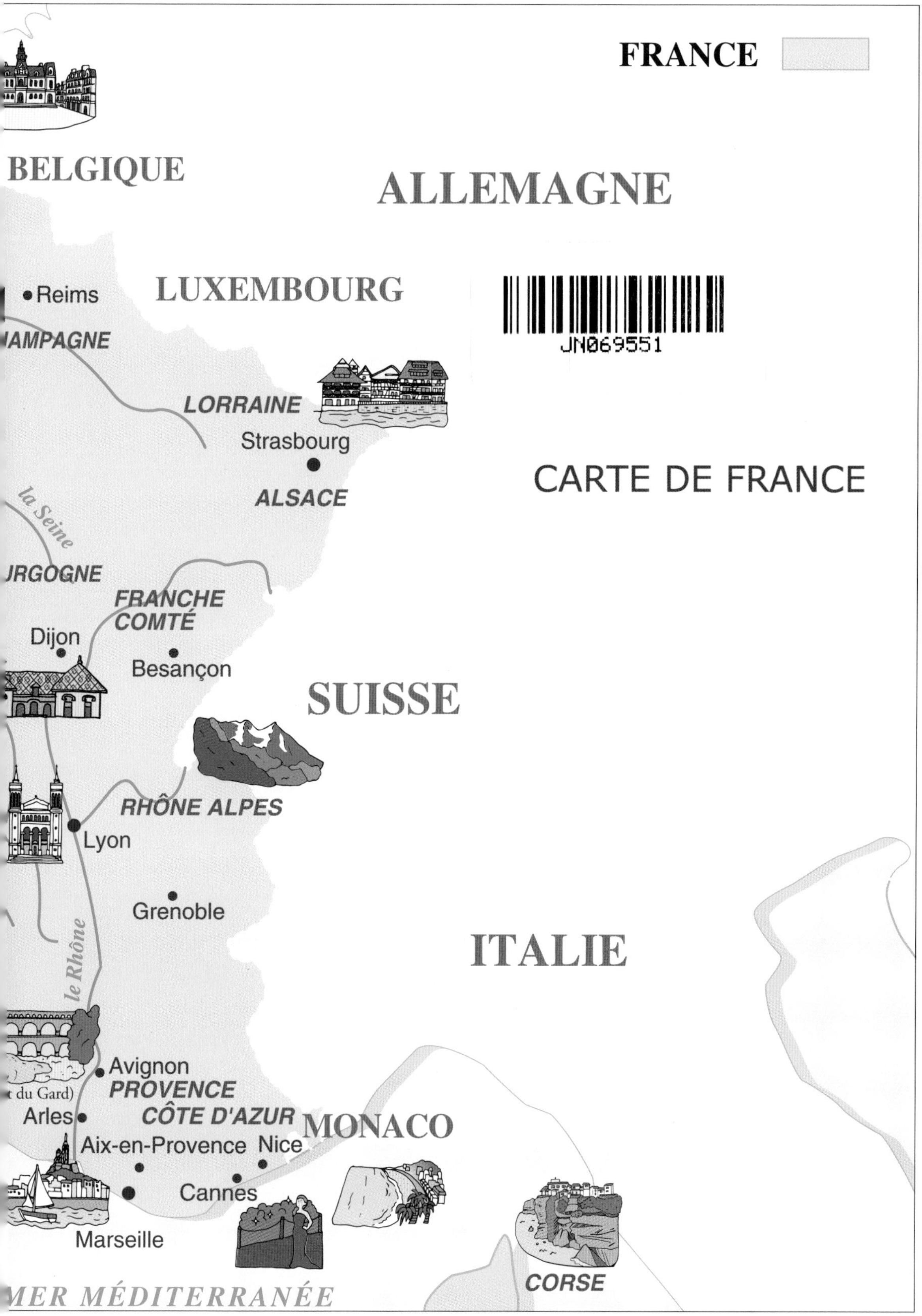
FRANCE
BELGIQUE
ALLEMAGNE
LUXEMBOURG
Reims
IAMPAGNE
LORRAINE
Strasbourg
ALSACE
CARTE DE FRANCE
la Seine
JRGOGNE
FRANCHE COMTÉ
Dijon
Besançon
SUISSE
RHÔNE ALPES
Lyon
Grenoble
le Rhône
ITALIE
Avignon
PROVENCE
t du Gard)
Arles
CÔTE D'AZUR
MONACO
Aix-en-Provence
Nice
Cannes
Marseille
CORSE
MER MÉDITERRANÉE

Croissant 1

manuel du français de base

Hiroshi MATSUMURA ● Eddy VAN DROM

Editions ASAHI

テキスト準拠　音声 HP

http://text.asahipress.com/free/french/croissant1/index.html

はじめに

このフランス語テキストは、学生あるいは社会人の皆さんが日常の場面ですぐに使える会話を楽しみながら、最も効率よくフランス語の基礎を学ぶことができるように作られています。フランス語は世界第二の国際語であり、世界中の多くの人が英語の次に学ぶ言語です。またヨーロッパを訪ねて世界遺産をめぐる旅をしてみたい皆さんにとっても、フランス語が使えれば旅行の経験がより豊かなものになることはまちがいありません。

そんな皆さんのお役に立ちたいという願いを込めて、このテキストに『クロワッサン』というタイトルをつけました。クロワッサンは多くのフランス人が朝食として食べるパンです。フランス語圏を旅して、朝にパン屋で買ったり、カフェの席に座って焼きたてのクロワッサンをおほばる幸せは格別のものがあります。クロワッサンもフランス語も、日常生活に最も近いところにあり、充実した喜びを与えてくれるものです。またクロワッサンはもともと「三日月」のことであり、語源的には「増えていく」という意味があります。そのように楽しみながらフランス語の知識を増やしていただければ幸いです。

それではこのテキストの使い方を説明しましょう。

- レッスン最初のダイアログは、そこで学ぶ文法項目が入った簡単な会話文になっています。おなじみの登場人物たちとともに、楽しく会話の練習をしてください。
- それにつづく Grammaire（文法）では、１つないし２つの文法項目が分かりやすく説明されています。授業の説明を聞きながら空欄を埋めていくと、あなただけのフランス語の参考書ができあがります。大事なポイントはクロワッサンのアイコン（）で示してあります。
- ３ページ目は Exercices（練習問題）です。学んだばかりの文法項目がすぐに使えるように、実際に自分で考えてやってみましょう。すべての文に訳がついていますので、問題を解いたあとは例文集として使えます。
- ４ページ目の Activité（アクティヴィティ）は、単語を置きかえながら自分の言葉で会話を展開していく練習です。ロールプレイで楽しんでください。
- 最後の Vocabulaire（ボキャブラリー）では、知っている単語の知識を広げ、より豊かなフランス語の会話ができるようになりましょう。

このテキストは学習が終わってからも、いつでも戻って参照できるように工夫されています。皆さんが『クロワッサン』をいつかフランス語圏を旅する日まで大事にしてくださることを望んでいます。

松村博史、エディ・バンドロム

目次　Sommaire

アルファベ　Alphabet

♪ no.02

☆　フランス語ではアルファベと言います。文字は英語と同じですが、発音は違うものが多いので、フランス語特有の発音に慣れるためにしっかりと練習しましょう。

A	a	ア [ɑ]	J	j	ジ [ʒi]	S	s	エス [ɛs]
B	b	ベ [be]	K	k	カ [ka]	T	t	テ [te]
C	c	セ [se]	L	l	エル [ɛl]	U	u	ユ [y]
D	d	デ [de]	M	m	エム [ɛm]	V	v	ヴェ [ve]
E	e	ウ [ə]	N	n	エヌ [ɛn]	W	w	ドゥブルヴェ [dubləve]
F	f	エフ [ɛf]	O	o	オ [o]	X	x	イクス [iks]
G	g	ジェ [ʒe]	P	p	ペ [pe]	Y	y	イグレック [igrɛk]
H	h	アッシュ [aʃ]	Q	q	キュ [ky]	Z	z	ゼッド [zɛd]
I	i	イ [i]	R	r	エール [ɛ:r]			

Exercices

♪ no.03

1　次のそれぞれの略号をアルファベで発音してみましょう。

1）CD　　2）DVD　　3）RER　　4）ONU

2　次の日本語に相当する単語のつづりを聞き取って書いてみましょう。

1）花　　2）チョコレート　　3）国　　4）新聞

つづりと発音のルール　Prononciation

☆ フランス語では**つづりと発音の対応関係**がはっきりと決まっています。ここに書かれたルールを覚えるだけで、ほとんどのフランス語の単語や文は簡単に発音できるようになります。

1. 最初のルール ♪ no.04

1. フランス語では **h** を発音しません。　**h**ôtel ホテル　**h**erbe ハーブ
2. **語尾の子音字**はふつう発音しません。　blon**d** 金髪の　spor**t** スポーツ

ただし語尾の **c, r, f, l** は多くの場合発音されます。**careful** と覚えます。

sa**c** カバン　me**r** 海　acti**f** 活発な　cie**l** 空

2. 覚えておきたい母音の読み方 ♪ no.05

まずはよく出てくる**母音の発音**の仕方を覚えましょう。

ai, ei	エ [ɛ]	l**ai**t ミルク	s**ei**ze 16（数字）
au, eau	オ [ɔ, o]	rest**au**rant レストラン	cad**eau** プレゼント
oi	ワ [wa]	b**oi**sson 飲み物	ét**oi**le 星
ou	ウ [u]	b**ou**tique ブティック	n**ou**veau 新しい
u	ユ [y]	m**u**sée 美術館	cult**u**re 文化
ui	ユイ [ɥi]	n**ui**t 夜	c**ui**sine 料理、キッチン

3. e と eu の発音 ♪ no.06

1. 母音である **e の読み方**については、次のようになります。

a) アクサンのない**語尾の e は発音しません**。直前の子音や母音の音で終わります。

ただし le, ce, je など一音節の語では軽い「ウ」[ə] の音になります。

class**e** クラス　lettr**e** 手紙　port**e** ドア

b) **é**　鋭い　エ [e]　carr**é** 正方形の　t**é**l**é**phone 電話

è, ê　ゆるい　エ [ɛ]　fr**è**re 兄、弟　t**ê**te 頭

アクサン（アクセント記号）は、フランス語ではつづりの一部なので省略できません。

[´] は**アクサン・テギュ**（accent aigu）、[`] は**アクサン・グラーヴ**（accent grave）、[^] は**アクサン・シルコンフレックス**（accent circonflexe）と呼ばれます。

c) それ以外のアクサンなしの e は「ウ」[ə] または「エ」[ɛ, e] と発音します。

多くの場合、e のうしろが「子音＋母音」の場合は「ウ」、それ以外は「エ」です。

ch**e**mise シャツ　s**e**rvice サービス

2. eu や œu の読み方は次のようになります。

eu	広い　ウー［œ］	b**eu**rre　バター	profess**eu**r　先生
	または　せまいウー［ø］	chev**eu**　髪の毛	j**eu**di　木曜
œu	広い　ウー［œ］*	s**œu**r　姉、妹	c**œu**r　心

＊ vœux（誓い）などのいくつかの語ではせまいウー［ø］になります。

4. 鼻母音の読み方 ♪no.07

鼻母音は口をふさがずに鼻に響かせる発音です。「アン」と聞こえる発音が 3 つと、「オン」と聞こえる発音とがあります。つづりとの対応関係を知っておきましょう。

an, am, en, em	アン［ɑ̃］（アンとオンの中間）	gr**an**d　大きい	**en**f**an**t　子ども
in, im	アン［ɛ̃］（イーの口でアン）	cous**in**　いとこ	**im**portant　重要な

ain, aim, ein, eim もアン［ɛ̃］の発音になります。　dem**ain**　明日

un, um	アン［œ̃］（アンとウンの中間）	l**un**di　月曜日	parf**um**　香り、香水
on, om	オン［ɔ̃］（口をふさがずオン）	viol**on**　ヴァイオリン	n**om**bre　数

5. 注意すべき子音 ♪no.08

子音の発音では、次のようなものに注意しましょう。

1. **c** はうしろが **a, o, u** のときは「**ク**」［k］の音、**e, i, y** のときは「**ス**」［s］の音になります。

   carte　カード　é**co**le　学校　pis**ci**ne　プール　**co**n**ce**rt　コンサート

   ç（**c** セディーユ）はうしろに a, o, u を伴い「**ス**」［s］の発音になります。

   gar**ço**n　男の子　fran**ça**is　フランスの

   ch は「シュ」［ʃ］の発音になります。　**ch**ance　チャンス　diman**ch**e　日曜日

2. **g** はうしろが **a, o, u** のときは「**グ**」［g］の音、**e, i, y** のときは「**ジュ**」［ʒ］の音になります。また **gu** はうしろに e または i がくると「**グ**」［g］と発音します。

   gare　駅　lé**gu**me　野菜　**ga**ra**ge**　ガレージ　lan**gue**　言語

   gn は「ニュ」［ɲ］の発音になります。　monta**gn**e　山　campa**gn**e　田舎

3. 母音にはさまれた **s** はズ［z］とにごります。**ss** はにごらないス［s］の音です。

   sai**s**on　季節　vi**s**age　顔　de**ss**ert　デザート　adre**ss**e　住所

4. **ill** は多くの場合「**イユ**」［ij］、時に「**イル**」［il］と発音します。**il** は「イル」［il］ですが、母音字のあとでは「**イユ**」［ij］と発音します。

   fam**ill**e　家族　ju**ill**et　7 月　v**ill**e　町　sole**il**　太陽

6. リエゾン、アンシェヌマン、エリジョン ♪no.09

1. リエゾン（liaison）とは、もともと**発音されない**語尾の子音字が、うしろに母音字または無音の h* がきたときに、それとつなげて発音されることをいいます。

   le**s a**rbres　木々　　nou**s é**coutons　私たちは聞く　　**deux heu**res　２時（間）

2. アンシェヌマン（enchaînement）とは、もともと**発音される**語尾の子音字が、うしろに母音字または無音の h がきたときにつながって発音されることをいいます。

   ave**c un** stylo　ペンで　　**Il e**st à Paris.　彼はパリにいます。

3. エリジョン（élision）とは、母音字または無音の h で始まる語の前で、最後の母音字が省略されて**アポストロフ（'）**に変わることをいいます。

   l'aéroport　空港　　**J'ai**me la musique.　私は音楽が好きです。

＊フランス語では h は発音されず、ふつう**母音字で始まる語と同様**に扱われます（**無音の h**）。しかし h で始まる語の中には**子音で始まる語と同じ扱い**になるものもあり（**有音の h**）、この場合リエゾン、アンシェヌマン、エリジョンは起こりません。

l'**h**ôpital　病院　［**無音の h**］　　le **h**aricot　インゲン豆［**有音の h**］

Croissant の主要登場人物

アキラ（Akira）　23歳の男の子。日本人留学生。ソルボンヌで歴史学を学ぶ。

マッソン夫妻（M. et Mme Masson）　アキラのホストファミリー。
マッソン氏は建築家。夫人は主婦。

テオ（Théo）　マッソン家の息子。18歳、外出が好き。

レア（Léa）　マッソン家の娘。22歳。おとなしい。

シモン先生（M. Simon）　優しい。猫が好き。

アントワーヌ（Antoine）　アキラの大学の友人。活動的。

サキ（Saki）　20歳の女の子。日本人留学生。
語学学校でフランス語とフランス文化を学んでいる。スポーツ好き。明るい性格。

ピカール夫人（Mme Picard）　サキのホストファミリー。夫はいない。優雅な暮らし。

ソフィ（Sophie）　ピカール夫人の娘。18歳。映画好き。テオとは高校の友だち。

プーラン先生（Mme Poulain）　サキの語学学校の校長先生。優しい。上品。

クザン先生（M. Cousin）　サキの語学学校の先生。感じがいい。面白い。

Leçon 1 Bonjour !

♪ no.10

Saki : Bonjour, Monsieur Cousin.
M. Cousin : Bonjour, Saki. Comment allez-vous ?
Saki : Très bien, merci. Et vous ?
M. Cousin : Je vais bien, merci.

♪ no.11

Akira : Salut, Léa.
Léa : Ah, bonjour, Akira. Ça va ?
Akira : Ça va bien, merci. Et toi ?
Léa : Pas mal.

♪ no.12

Mme Poulain : Pardon, Mademoiselle. C'est à vous ?
Sophie : Ah, oui ! Merci beaucoup, Madame.
Mme Poulain : Je vous en prie.

GRAMMAIRE　あいさつ / お礼・おわびの表現

♪ no.13

1) あいさつ

まず基本的な日常のあいさつやその他の表現を覚えましょう。うしろに Monsieur（男性に対して）、[1　　　　　]（結婚している女性に対して）、Mademoiselle（結婚していない女性に対して）をつけると、よりていねいな言い方になります。(これらのあとに名前を続けるときは M. / Mme / Mlle と略すことができます。*cf.* M. Masson / Mme Tanaka)

Bonjour, Monsieur.	おはようございます。こんにちは。
Bonsoir, Madame.	こんばんは。
[2　　　　　].	やあ。じゃあね*。*別れるときにも使います。
Au revoir, Mademoiselle.	(3　　　　　)
Enchanté. / Enchantée*.	はじめまして。

*「はじめまして」と女性が言う場合は、最後に e をつけます。発音は同じです。

♪ no.14

2) お元気ですか？

あいさつを交わしたり、お互い元気かどうかを確認するときには、親しい相手と敬語を使う相手で表現を使い分けます。tu や toi は親しい相手に対して使い、vous を使うと敬語になります。

Ça va ? / Tu vas bien ? / [4　　　　　] vas-tu ?　元気？
Vous allez bien ? / Comment allez-vous ?　(5　　　　　)
Et [6　　　] ?　そして君は？　⇔　Et vous ?　そしてあなたは？

♪ no.15

3) お礼とおわび / はい・いいえ

フランス語では、お礼やおわびに対する**返答**も言えるようになることが重要です。

Merci. / Merci [7　　　　　].	ありがとうございます。
De rien. / Je vous en prie.	(8　　　　　)
Pardon. / Excusez-moi.	すみません。
Je suis désolé(e)*.	ごめんなさい。
Ce n'est pas [9　　　　].	いえいいんですよ。

*女性が言う場合は、最後に e をつけます。発音は同じです。

ついでに、「はい」と「いいえ」の言い方も覚えておきましょう。

Oui.　はい　/　[10　　　　].　いいえ

Exercices

1 次の日本語に相当する表現を発音し、書いてみましょう。

1) こんにちは。 ……………………………………

2) はじめまして。 ……………………………………

3) 元気？ ……………………………………

4) ありがとう。 ……………………………………

5) すみません。 ……………………………………

2 次のイラストに登場する人たちの立場になって、それぞれ会話を想像してみましょう。

1)

Léa　Saki

2)

Akira　M. Simon

3)

Sophie　Saki

4)

M. Simon　Antoine

3 次のそれぞれの文について、1) と 2) はそれに対する返答の文を、3) と 4) はそれが答えになるような文を言いなさい。

1) Bonjour, Monsieur. Vous allez bien ?

2) Merci beaucoup, Antoine.

3) Ça va bien, merci. Et toi ?

4) Oh, ce n'est pas grave.

ACTIVITÉ　Comment allez-vous ?　お元気ですか？

♪ no.16

隣の人どうしで、名前を呼び合いながら、敬語を使ったあいさつ、親しい人とのあいさつをそれぞれ練習してみましょう。

Bonjour, M. Fujita.　　こんにちは、フジタさん。

Bonjour, Mlle Nakano.　　こんにちは、ナカノさん。
Comment allez-vous ?　　お元気ですか？

Salut, Hitomi !　　やあ、ヒトミ。

Salut, Shôta. Ça va ?　　おはよう、ショウタ。元気？

人と別れるときのあいさつとして、次のような表現も覚えておきましょう。

♪ no.17

À bientôt !　ではまた！
À la semaine prochaine !　また来週！
Bonne nuit !　おやすみなさい！
À demain !　また明日！
Bonne journée !　いい一日を！
Bon week-end !　いい週末を！

VOCABULAIRE　数字の言い方 (1 〜 20)

♪ no.18, 19

1 から 20 までの数字の言い方を覚えましょう。

1 **un**	6 **six**	11 **onze**	16 **seize**
2 **deux**	7 **sept**	12 **douze**	17 **dix-sept**
3 **trois**	8 **huit**	13 **treize**	18 **dix-huit**
4 **quatre**	9 **neuf**	14 **quatorze**	19 **dix-neuf**
5 **cinq**	10 **dix**	15 **quinze**	20 **vingt**

six, huit, dix のうしろに名詞が続くとき、最後の子音を発音しません。また cinq もうしろに名詞がくると最後の子音を発音しないことがあります。　*cf.* six livres, huit livres

数字を表す単語のうしろに母音字または無音の h で始まる名詞がくると、リエゾンやアンシェヌマンが起こって発音が変わります。heure（時、時間）を使って練習してみましょう。

une heure	deux heures	trois heures	quatre heures
cinq heures	six heures	sept heures	huit heures
neuf heures	dix heures	onze heures	douze heures*

*ふつう昼の 12 時は midi、夜中の 12 時は minuit といいます。(→ p. 25)

LEÇON 2 Un café et un sandwich, s'il vous plaît.

♪ no.20

Le garçon :	Bonjour, Mademoiselle.
Sophie :	Bonjour. Un café et un sandwich, s'il vous plaît.
Le garçon :	Le sandwich, jambon, saucisson ou fromage ?
Sophie :	Jambon, s'il vous plaît.
Le garçon :	D'accord ! Merci.

GRAMMAIRE 名詞と冠詞

♪ no.21

1) フランス語の名詞

フランス語の名詞は、人だけではなくモノも、すべて男性名詞と**女性名詞**に区別されます。
辞書で名詞を引くときには、それが男性名詞か女性名詞かも同時に確かめましょう。

男性名詞	garçon (1 　　　)	frère 兄、弟
	livre 本	[2 　　　] ホテル
女性名詞	fille 少女、娘	sœur (3 　　　)
	télévision (4 　　　)	étoile 星

名詞を複数形にするときは、英語と同じように -s をつけます。フランス語では、この **s は発音しません**。

carte → carte**s**　　maison → maison**s**

EN PLUS 次のような特殊な複数形もあるので注意しましょう。

・単数形が **-s, -x, -z** で終わる語は複数形もそのままです。

pay**s** 国 → pays　　voi**x** 声 → voix　　ne**z** 鼻 → nez

・**-au, -eau, -eu** で終わる語には **-x** をつけます。

bateau 船 → bateau**x**　　cheveu 髪の毛 → cheveu**x**

・**-ou** で終わる語にも -x をつけることがあります。　chou キャベツ → chou**x**

・**-al** で終わる語は多くの場合 **-aux** となります。**-ail** で終わる語も **-aux** となることがあります。

chev**al** 馬 → chev**aux**　　trav**ail** 仕事 → [5 　　　]

♪ no.22

2）冠詞

フランス語の冠詞には、**定冠詞、不定冠詞、部分冠詞**の３つがあります。冠詞はうしろの名詞が男性単数か、女性単数か、複数かによって形が変わります。

a）定冠詞 …… 「その〜」と**特定される名詞**につきます。英語の the に相当します。また、「〜というもの」と**そのもの一般**を表すのにも用いられます。

男性単数…… **le (l')**	女性単数…… **la (l')**	複数（男女共通）……[6]
le piano ピアノ	la [7] 音楽	les chansons 歌

定冠詞の le と la は、うしろに母音字または無音の h が来ると、省略されて **l'** となります。これを「エリジョン」といいます。 *cf.* l'école 学校

また複数の les は、うしろに母音字または無音の h が来ると、最後の s をうしろの母音につなげて **[z]** と発音します。これを「リエゾン」といいます。 *cf.* les étudiants 学生

b）不定冠詞 …… 特定されない名詞で、**数えられる名詞**につきます。英語の a, an に相当しますが、フランス語では複数名詞につく不定冠詞もあります。

男性単数…… **un**	女性単数…… [8]	複数（男女共通）…… **des**
un musée （9 ）	une banque 銀行	des magasins 店

des は、うしろに母音字または無音の h が来ると、定冠詞 les と同じく「リエゾン」が起き、s を **[z]** と発音してうしろにつなげます。 *cf.* des amis 友だち

c）部分冠詞 …… 特定されない名詞で、**数えられない名詞**につきます。また抽象名詞に用いられることもあります。

男性……[10]	女性……**de la**	母音字・無音の **h** の前……**de l'**
du café コーヒー	de la salade サラダ	de l'eau 水
du courage 勇気		

Exercices

1 辞書で次の単語を調べ、男性名詞（男）か女性名詞（女）か、単数［単］か複数［複］か、そして単語の意味をそれぞれ書きなさい。

1) robe (　　) [　　] ....　2) arbre (　　) [　　] ....

3) lait (　　) [　　] ....　4) oranges (　　) [　　] ....

5) chaussures (　　) [　　] ....

2 1. で調べた単語に、①定冠詞　②不定冠詞または部分冠詞をそれぞれつけなさい。

1) (　　　) robe / (　　　) robe　2) (　　　) arbre / (　　　) arbre

3) (　　　) lait / (　　　) lait　4) (　　　) oranges / (　　　) oranges

5) (　　　) chaussures / (　　　) chaussures

3 次のそれぞれの文をフランス語に訳したときに、下線部の語句にはどのような冠詞をつければよいかをよく考えて、(　　　) に定冠詞、不定冠詞、部分冠詞のどれかを入れなさい。

1) そこに一冊の本があります。　(　　　) livre

2) それはポールの本です。　(　　　) livre de Paul

3) パンにジャムをぬりましょう。　(　　　) confiture

4) タカシはスポーツが大好きです。　(　　　) sport

5) 屋根の上に何匹かの猫がいます。　(　　　) chats

6) あれ（複数）はシモンさんの猫です。　(　　　) chats de M. Simon

ACTIVITÉ **Un café, s'il vous plaît.** コーヒーをお願いします。

♪ no.23

カフェで飲み物や食べ物を注文する会話を、ロールプレイで練習してみましょう。

Bonjour, Monsieur. いらっしゃいませ。

Bonjour. Un café, s'il vous plaît. コーヒーをお願いします。

……

Voilà, Monsieur. はいどうぞ。

Merci. ありがとう。

♪ no.24

un café crème カフェクレーム	un thé 紅茶
un chocolat chaud ホットチョコレート	un jus d'orange オレンジジュース
un croissant クロワッサン	un pain au chocolat チョコレートパン
un sandwich jambon / fromage ハム（チーズ）サンドイッチ	
un croque-monsieur / -madame クロックムッシュー（マダム）	

VOCABULAIRE 身の回りのもの

♪ no.25

自分の持ち物や教室にあるものの名前を覚えましょう。また他のものについても、フランス語での言い方と男性・女性名詞の区別を辞書で調べてみましょう。

– Qu'est-ce que c'est ? それは何ですか？
  – C'est un cahier. それはノートです。
  – C'est une montre. それは腕時計です。
  – Ce sont des livres. それらは本（複数）です。

un sac カバン	un crayon 鉛筆	un stylo ペン
un portable 携帯電話	une télévision テレビ	une horloge 掛け（置き）時計
des ciseaux はさみ	des lunettes メガネ	

LEÇON 3 Est-ce que tu aimes la musique ?

♪ no.26

Sophie : Est-ce que tu aimes la musique ?

Saki : Oui, j'adore. J'écoute de la pop japonaise et du classique. Et toi ?

Sophie : Moi, je n'écoute pas beaucoup de musique. Je préfère le cinéma, surtout les comédies.

GRAMMAIRE -er 形の規則動詞 / 否定文の作り方

♪ no.27

1) -er 形規則動詞の活用

フランス語の動詞の多くは原形が **-er** の語尾を持ち、それらは**第一群規則動詞**と呼ばれます。活用語尾はすべての -er 形動詞に共通です。主語の代名詞とともに覚えていきましょう。

chanter「歌う」の活用					
私は歌う	je	chant**e**	私たちは歌う	nous	chant**ons**
君は歌う	tu	chant**es**	あなた(たち)は歌う	vous	chant**ez**
彼は歌う	il	[1]	彼らは歌う	ils	chant**ent**
彼女は歌う	elle	chant**e**	彼女たちは歌う	elles	[2]

フランス語の主語人称代名詞は、英語とは次のところが違います。

a) 家族や友だちなど親しい相手には **tu**「君」を使い、また日本語で敬語を使う相手には **vous**「あなた」を使います。ただし tu も vous も複数は vous「(3)、あなたたち」です。

b) **il(s)** や **elle(s)** は、男性名詞・女性名詞の人だけでなく「もの」をさすのにも使われます。「それ」あるいは「それら」の意味で、英語の it (they) に相当します。男性名詞の人（もの）と女性名詞の人（もの）が混ざっているときは、ils を使います。

c) 代名詞 **on** は一般の「人、人々」をさしますが、話し言葉ではよく「私たち」(=nous) の意味で使われます。動詞は il や elle のときと同じ形になります。

動詞が**母音字や無音のh**で始まるときは注意が必要です。動詞aimerの活用を見ましょう。

aimer「好む、愛する」の活用

[4]	nous aimons
tu aimes	vous [5]
il aime	ils aiment
elle aime	elles aiment

je は省略されて **j'** となります（エリジョン）。また右の段の nous, vous, ils, elles では最後の s を **[z]** と発音してうしろの母音につなげます（リエゾン）。

Elle [6] une chanson. 彼女は歌を一曲歌います。

Paul et Marie travaillent à Paris. ポールとマリはパリで働いています。

Vous aimez la cuisine ? あなたは (7) が好きですか？

EN PLUS -er 動詞の中でも、acheter（買う）, préférer（より好む）, manger（食べる）, appeler（呼ぶ）などはやや特殊な活用をします。それについては巻末の p. 56-57 を参照してください。

♪ no.28

2) 否定文の作り方

フランス語の否定文は、文の動詞を **ne** と **pas** の 2 語ではさんで作ります。ne はうしろに母音字または無音の h がくると省略されて **n'** となります。

Michel regarde la télévision. → Michel [8] regarde [9] la télévision.
ミシェルはテレビを見ます。 ミシェルはテレビを見ません。

Ils écoutent la radio. → Ils *n'*écoutent *pas* la radio.
彼らはラジオを聞きます。 彼らはラジオを聞きません。

EN PLUS 否定の **de** … 動詞の直接目的語になる単語に、不定冠詞や部分冠詞がつくようなとき、それらの冠詞は否定文では **de** に変わります。さらに de はうしろに母音字または無音の h がくると **d'** に変わります。

Ils écoutent de la musique. → Ils n'écoutent pas [10] musique.
彼らは音楽を聴きます。 彼らは音楽を聴きません。

Non, nous n'achetons pas *d'*oranges. いいえ、私たちはオレンジを買いません。

Exercices

1 次の３つの文を、それぞれ主語を変えて言ってみましょう。

1) Je marche dans le parc.（私は公園を歩きます。）

a. 私たち　　b. 彼女たち

c. ユゴー (Hugo)

2) Tu regardes le match de football ?（君はサッカーの試合を見るの？）

a. 彼女　　b. あなた

c. ニコラとマリー (Nicolas et Marie)

3) Il étudie le français.（彼はフランス語を学んでいます。）

a. 私　　b. 君たち

c. 私たち

2 次のそれぞれの文を否定文にしなさい。

1) Elle parle très bien français.（彼女はフランス語を上手に話します。）

....

2)* Vous habitez à Kyoto ?（あなたたちは京都に住んでいますか？）

....

3) J'aime la musique classique.（私はクラシック音楽が好きです。）

....

4) Léa mange des légumes.（レアは野菜を食べます。）

....

5) Ils cherchent Mme Durand.（彼らはデュランさんを探しています。）

....

*2) は「住んでいないのですか？」という疑問文にしなさい。

ACTIVITÉ **Je m'appelle Yûji.** 私の名前はユウジです。

♪ no.29

次の会話文を見て、お互いに自己紹介してみましょう。

Bonjour. Je m'appelle Yûji.	こんにちは。ユウジといいます。
J'habite à Tokyo.	東京に住んでいます。
J'aime le cinéma.	映画が好きです。
Et toi ?	そして君は？

♪ no.30

le sport スポーツ	le football サッカー	le tennis テニス
la musique 音楽	le rock ロック	la pop ポップス
les voyages 旅行	la lecture 読書	la cuisine 料理

aimer のあとに動詞の原形をつづけると「～するのが好き」の意味になります。
J'aime regarder la télé / voyager. テレビを見るのが / 旅行するのが好きです。

VOCABULAIRE さまざまな否定表現

♪ no.31

否定文を作る ne ... pas の pas のかわりに、次のような語を使うと、いろいろなニュアンスの否定を表すことができます。

ne... jamais	決して…ない	ne... rien	何も…ない
ne... personne	誰も…ない	ne... aucun(e)	どんな…もない
ne... plus	もはや…ない	ne... que～	～しか…ない etc.

Il *ne* mange *rien* aujourd'hui. 彼は今日は何も食べません。
Marie-Hélène *ne* danse *jamais*. マリ＝エレーヌは決してダンスをしません。
Il *n*'y a *personne* dans le jardin. 庭には誰もいません。

Leçon 4 Ce sac est joli !

♪ no.32

La vendeuse	: Bonjour, Mademoiselle. Vous désirez ?
Saki	: Ce sac est joli ! Il coûte combien ?
La vendeuse	: Cinquante-neuf euros.
Saki	: Oh, c'est un peu cher ! Vous avez des porte-clés ?
La vendeuse	: Oui, les porte-clés sont là-bas.

Grammaire 動詞 être と avoir の使い方 / 指示形容詞

♪ no.33

1）動詞 être「…である、ある、いる」

動詞 être は、英語の be に相当し、主語の性質や状態などを表します。いちばん基本となる動詞ですので、まずはしっかりと活用を覚えましょう。

être の活用

je	[1]	nous	[2]
tu	es	vous	êtes
il	est	ils	sont
elle	est	elles	sont

Il est étudiant. 彼は学生です。 / Elle est étudiante. 彼女は学生です。
Nous sommes à Paris. 私たちはパリにいます。
Marie et Jean [3] en retard. マリーとジャンは来るのが遅れています。

C'est は「これ（それ）は…です」、**Ce sont** は「これら（それら）は…です」の意味を表します。あとには名詞だけではなく、形容詞などさまざまな要素がきます。

C'est une bibliothèque.	これは (4) です。
C'est très important.	それはとても重要です。
Ce sont les albums de Lucie.	それらはリュシーのアルバムです。

C'est の否定形は **Ce n'est pas**、Ce sont の否定形は **Ce ne sont pas** となります。

♪ no.34

2) 動詞 avoir「…を持っている」

動詞 avoir は英語の have に相当し、何かを所有していることを表します。être と並んで重要な動詞で、用法もさまざまです。

avoir の活用

[5]	nous avons
tu as	vous [6]
il a	ils ont
elle a	elles ont

J'ai un dictionnaire de français. 私はフランス語の (7) を持っています。
Ayumi a deux frères. アユミには 2 人の兄弟がいます。

avoir を使う表現では次のようなものも重要です。

J'ai faim. おなかがすきました。 J'ai soif. のどが渇きました。
J'ai sommeil. (8) です。 J'ai chaud / froid. 暑い / 寒いです。
J'ai mal à la tête / au ventre. 頭が / お腹が 痛いです。
J'ai dix-huit / dix-neuf / vingt ans. 私は 18 / 19 / 20 歳です。

Il y a ... は「…がある」という意味です。単数名詞にも複数名詞にも使います。Il y a の否定形は **Il n'y a pas**（「…がない」）です。

[9] une école. 学校があります。 Il y a des oiseaux. 鳥たちがいます。

♪ no.35

3) 指示形容詞

指示形容詞は、名詞の前について「この（その、あの）」と名詞を特定します。うしろにくる名詞が男性名詞か女性名詞か、あるいは複数かによって形が変わるので注意しましょう。

男性単数	**ce**	ce garçon この少年
	cet*	cet été この（＝今年の）夏

*うしろが母音字・無音の h で始まる男性単数名詞のとき cet を用います。

女性単数	**cette**	[10] fleur この花
		cette église この教会
複数	**ces**	ces magasins これらの店
（男女共通）		ces hommes これらの男の人たち

Exercices

1 次の２つの文を、それぞれ主語を変えて言ってみましょう。

1) Je suis à Kyoto.（私は京都にいます。）

a. 彼女　　b. 私たち
c. アンヌとシルヴァン (Anne et Sylvain)

2) Vous avez de la monnaie ?（あなたは小銭を持っていますか？）

a. 君　　b. マサキ (Masaki)
c. 彼女たち

2 次の単語を辞書で調べて、それぞれに合う指示形容詞を入れなさい。

1) (　　　　) bicyclette　この自転車　　2) (　　　　) avion　この飛行機

3) (　　　　) chansons　それらの歌　　4) (　　　　) magasin　その店

5) (　　　　) rue　この通り　　6) (　　　　) élèves　それらの生徒たち

3 日本語の意味になるように、(　　)の中の単語を使ってフランス語の文を作りなさい。
ただし原形の動詞は活用させて使い、適当な指示形容詞を補いなさい。

1) 彼女はこの家に住んでいます。(dans, elle, habiter, maison)

....

2) 私はこの歌手のディスクを持っています。(avoir, chanteuse, de, des, disques, je)

....

3) この俳優はアメリカ人です。(acteur, américain, être)

....

4) その女の子たちはフランス語を上手に話します。(bien, filles, français, parler)

....

5) この通りには美術館があります。(avoir, musée, dans, il, rue, un, y)

....

ACTIVITÉ　Vous êtes musicien ?　あなたはミュージシャンですか？

♪ no.36

下の単語リストから自分の好きな職業と国籍を選び、「なりきり」のロールプレイで会話してみましょう。

Est-ce que* vous êtes musicien ?　あなたはミュージシャンですか？

Oui, je suis musicien.　はい、私はミュージシャンです。

……

Tu es allemande ?　君はドイツ人なの？

Non, je suis italienne.　いえ、私はイタリア人よ。

* Est-ce que は疑問文の文頭につき、それが疑問文であることを強調します。(→ p. 30)

♪ no.37, 38

職業	professeur 先生	médecin 医者	employé(e) 会社員
	musicien, musicienne ミュージシャン		chanteur, chanteuse 歌手
	acteur, actrice 俳優	journaliste ジャーナリスト	

国籍	français(e) フランス人	allemand(e) ドイツ人	italien(ne) イタリア人
	anglais(e) イギリス人	américain(e) アメリカ人	japonais(e) 日本人

VOCABULAIRE　数字の言い方 (20 ～ 60)

♪ no.39

20 から 60 までの数字の言い方を覚えましょう。日付や時刻を伝えるのにもこれらの数字が必要です。パターンをつかめば簡単に頭に入れることができます。

20 **vingt**	30 **trente**	40 **quarante**
21 **vingt et un**	31 **trente et un**	50 **cinquante**
22 **vingt-deux**	32 **trente-deux**	60 **soixante**
23 **vingt-trois**	⋮	
⋮	⋮	
29 **vingt-neuf**	39 **trente-neuf**	

例　10 時 35 分　10h35 (= dix heures trente-cinq)

　　5 月 25 日　le 25 mai (= le vingt-cinq mai)

LEÇON 5 Elle est très sportive.

♪ no.40

Théo	:	La jeune fille là-bas, c'est Saki ?
Sophie	:	Oui, c'est elle. Elle est très sportive. Elle étudie le français dans une école de langue. Et Akira ?
Théo	:	Il est là-bas. Il porte une veste noire. C'est un garçon intelligent. Il étudie l'histoire à la Sorbonne.

GRAMMAIRE 形容詞の使い方

♪ no.41

1）形容詞の位置

a) 次のような**短くてよく使われる形容詞**は、英語と同じように**前から**名詞を修飾します。

[1　　　] よい	mauvais 悪い	beau 美しい
joli かわいい	grand 大きい	[2　　　] 小さい
nouveau 新しい	jeune 若い	vieux 古い、年老いた etc.

un *beau* jardin 美しい庭　　un *grand* musée 大きな美術館
une *jeune* femme 若い女の人

b) しかし a) をのぞく大部分のフランス語の形容詞は、**うしろから名詞を修飾**します。

un film *français* フランス映画　　une robe *rouge* (3　　　) ドレス
une architecture *moderne* 近代的な建築

EN PLUS フランス語では形容詞が名詞の前とうしろの両方からかかることがあります。

un *jeune* étudiant *japonais* 若い日本人学生

♪ no.42

2）形容詞の語尾変化

フランス語の形容詞は、修飾または説明する名詞が男性名詞か女性名詞か、あるいは単数か複数かによって語尾変化します。これを**性・数の一致**といいます。対応する名詞が男性単数ならばそのまま、**女性単数**なら **-e**、男性複数なら **-s**、(4　　　　) なら **-es** が語尾につきます。

(男性単数)	du thé vert	緑茶	(女性単数)	une pomme [5　　　　]	青リンゴ
(男性複数)	des cahiers vert**s**	緑のノート	(女性複数)	des bicyclettes vert**es**	緑の自転車

この vert のように、女性形の -e がつくと**発音が変わる**ものもあるので注意しましょう。

un plat chaud 熱い料理　　une boisson chaud**e** 熱い (6　　　　)

EN PLUS 形容詞の複数形が名詞の前に置かれているとき、複数の不定冠詞 des は原則として de になります。

de grands bateaux 大きな船　　*de* jolies maisons きれいな家々

♪ no.43

3) 不規則な語尾変化をする形容詞

フランス語の形容詞の中には、**不規則な女性形**を持つものがあります。**語尾**を意識しながら、変化のパターンをつかんでいきましょう。

▸ **-e** → そのまま	jeune	→	jeune	若い
▸ **-er** → **-ère**	léger	→	[7　　　　]	軽い
▸ **-f** → **-ve**	actif	→	active	活動的な
▸ **-eux** → **-euse**	heureux	→	heureuse	幸福な
▸ **-en** → **-enne**	parisien	→	parisienne	パリの
-on → **-onne**	bon	→	bonne	よい
-el → **-elle**	naturel	→	naturelle	自然な

また次のような変化をするものもあります。まずは使ってみて慣れましょう。

blanc → [8　　　　] 白い　　gentil → gentille 優しい

doux → douce 甘い　　long → longue 長い

次の 3 つの形容詞は、うしろが母音・無音の h で始まる男性名詞のとき用いる形（男性第２形）を持っています。重要な形容詞ばかりですので、女性形とともに覚えておきましょう。

	男性形	男性第２形	女性形
美しい	**beau***	[9　　　　]	**belle**
新しい	**nouveau***	**nouvel**	**nouvelle**
古い、年老いた	**vieux**	**vieil**	**vieille**

* beau, nouveau の男性複数形は、名詞と同じ規則（→ p. 10）により、beaux, [10　　　　] となります。

Exercices

1 次の下線をつけた形容詞を、a ～ c の名詞に合わせて適当な形に変えなさい。変えなくてもいい場合はそのまま書きなさい。

1) un chat <u>noir</u> 黒猫

a. une jupe (　　　　　)　　b. des cheveux (　　　　　)

c. des chaussures (　　　　　)

2) une langue <u>étrangère</u> 外国語

a. un pays (　　　　　)　　b. des bateaux (　　　　　)

c. des étudiantes (　　　　　)

3) un <u>beau</u> film 美しい映画

a. une (　　　　) étoile　　b. un (　　　　) oiseau

c. de (　　　　) monuments

2 (　　) の中の名詞と形容詞を使って文を完成させなさい。名詞や形容詞は適当な形に変え、語順も必要に応じて並び替えなさい。

1) J'ai deux (chien / blanc). (私は二匹の白い犬を飼っています。)

....

2) Regardez* ces (fille / petit / anglais). (あのイギリス人の少女たちを見なさい。)

....

3) Ces (machine) sont très (vieux). (これらの機械はとても古いです。)

....

4) Les (tableau) de ce peintre sont (excellent). (その画家の絵はすばらしいです。)

....

5) C'est un groupe de (chanteuse / ambitieux / jeune).

(それは野心的な若い女性歌手のグループです。)

....

*主語なしで動詞の vous の形を使うと命令文になります。(→ p. 35)

ACTIVITÉ　Quelle heure est-il ? いま何時ですか？

♪ no.44

ここでは時刻を尋ねる表現、時刻を言うための表現を練習しましょう。

Quelle heure est-il ?　いま何時ですか？

(Vous avez l'heure, s'il vous plaît ?)

Il est deux heures trente-cinq.　2時35分です。

3:15

Il est trois heures et quart.

5:30

Il est cinq heures et demie.

6:50

Il est sept heures moins dix.

12:00

Il est midi / minuit.

Exercices　隣の人に何時かを尋ね、次の時刻で答えてみましょう。

1) 1h20　2) 6h30　3) 9h15　4) 11h55

VOCABULAIRE　国名と国籍

♪ no.45

いろいろな国名とその形容詞などを覚えましょう。フランス語では国名にも男性・女性の区別があり、定冠詞をつけます。多くの場合、**-e** で終わる国名は女性名詞です。

	国名	形容詞・～人(の)	～語(主な言語)	～に、で
日本	**le** Japon	japonais(e)	le japonais	**au** Japon
フランス	**la** France	français(e)	le français	**en** France
ドイツ	l'Allemagne	allemand(e)	l'allemand	en Allemagne
ベルギー	la Belgique	belge	le français etc.	en Belgique
アメリカ	**les** États-Unis	américain(e)	l'anglais	**aux** États-Unis
中国	la Chine	chinois(e)	le chinois	en Chine
韓国	la Corée	coréen(ne)	le coréen	en Corée

「～人」は名詞として使う場合は un Français / une Française のように最初を大文字にします。ただし Il est français.（彼はフランス人です）などの文ではふつう小文字で始めます。

LEÇON 6 Je vais acheter un petit cadeau.

♪ no.46

Mme Picard	:	Jeudi, c'est l'anniversaire de Sophie.
Saki	:	Oui, c'est chouette ! Je vais à la FNAC pour acheter un petit cadeau. Un DVD, je pense.
Mme Picard	:	Théo et Léa vont venir aussi ?
Saki	:	Bien sûr. Ils viennent vers quatre heures.

GRAMMAIRE 動詞 aller と venir の活用と用法

ここでは２つの動詞 **aller**「行く」と **venir**「来る」について学びます。両方とも不規則動詞ですが、日常でよく使われる動詞なのでしっかり身につけましょう。

♪ no.47

1）動詞 aller「行く」の活用と用法

aller「行く」の活用

je [1]	nous allons
tu vas	vous [2]
il va	ils vont
elle va	elles vont

aller à ...「～に行く」/ **aller chez ...**「～の（3 ）に行く」

Je vais à Nara.　私は奈良に行きます。

Elles vont à Hokkaido.　彼女たちは北海道に行きます。

Vous allez chez M. Simon ?　あなたはシモンさんの家に行くのですか？

前置詞 **à** のあとに定冠詞 **le** や **les** がくると、結びついて <**à** + **le** = **au**> <**à** + **les** = **aux**> という縮約形になります。

Nous allons **au** restaurant.　私たちはレストランに行きます。

Elle aime la tarte **aux** pommes ?　彼女はリンゴのタルトが好きですか？

♪ no.48

2）動詞 venir「来る」の活用と用法

venir「来る」の活用	
je viens	nous venons
tu [4]	vous venez
il vient	ils [5]
elle vient	elles viennent

venir de ...「～から来る、～の出身である」

Tu viens de la gare ? 君は駅から来るの？

Cette chanteuse vient de Tours. この女性歌手はトゥール (6) です。

Ils viennent avec vous au concert ? 彼らはあなたとコンサートに来るのですか？

前置詞 **de** のあとに定冠詞 **le** や **les** がくると、結びついて <**de + le = du**> <**de + les = des**> という縮約形になります。du は部分冠詞、des は複数の不定冠詞と同じ形なので注意しましょう。

Ces étudiants viennent **du** Canada. これらの学生たちはカナダ出身です。

Voici la salle [7] professeurs. ここが職員室です。

EN PLUS 動詞 devenir「～になる」や revenir「戻る」などは venir の派生語で、活用も同じです。

Il devient célèbre. 彼は有名になります。

Vous [8] de Tokyo aujourd'hui ? 今日東京から戻ってくるのですか？

♪ no.49

3）近接未来（近い未来）と近接過去（近い過去）

動詞 aller や venir を使って、近い未来や近い過去のことを表現することができます。

- [近接未来] **aller** + 動詞の原形* 「これから～する、～するつもりだ」

  Marie va travailler dans un café. マリーはカフェで働く (9) です。

- [近接過去] **venir de** + 動詞の原形 「～したところだ」

  Je [10] d'acheter une télévision. 私はテレビを買ったところです。

＊<aller + 動詞の原形>には「～しに行く」の意味もあります。また <venir + 動詞の原形>は「～しに来る」という意味です。

Il va acheter du pain tous les matins. 彼は毎朝パンを買いに行きます。

Paul vient préparer la fête demain. ポールは明日パーティの準備をしに来ます。

EXERCICES

1 次の２つの文を、それぞれ主語を変えて言ってみましょう。

1) Je vais à la piscine. （私はプールに行きます。）

a. トマ (Thomas)　　b. 私たち　　c. 彼女たち

2) Vous venez à la fête demain ? （あなたは明日パーティーに来ますか？）

a. 君　　b. 彼女　　c. ジベール夫妻　(M. et Mme Gibert)

2 日本語の意味になるように、(　　) に当てはまる語句を下の語群から選んで入れなさい。

1) Nous allons (　　　　) concert ce soir.　（私たちは今晩コンサートに行きます。）

2) Ils aiment visiter les temples (　　　　) Kyoto.
（彼らは京都の寺を訪ねるのが好きです。）

3) Ces artistes viennent (　　　　) États-Unis.
（これらの芸術家たちはアメリカ出身です。）

4) J'habite (　　　　) France depuis des années.
（私はもう何年もフランスに住んでいます。）

(語群：à, au, aux, de, des, du, en)

3 次のそれぞれの文について、1) と 2) は「近い未来」を表す文に、3) と 4) は「近い過去」を表す文に書き換えなさい。

1) Elle visite la Tokyo Skytree. （彼女は東京スカイツリーを訪れます。）

....

2) Je suis très occupée cet été. （私は今年の夏は大変忙しいです。）

....

3) Nous arrivons à la fac. （私たちは大学に着きます。）

....

4) Stella achète une nouvelle robe. （ステラは新しいドレスを買います。）

....

ACTIVITÉ　Qu'est-ce que vous allez faire ?　何をする予定ですか？

♪ no.50

次の会話文と語句リストを参考に、自分の予定について話し合ってみましょう。

Qu'est-ce que vous allez faire demain ?　明日は何をする予定ですか？

Je vais dîner au restaurant.　レストランで夕食を食べます。

……

Qu'est-ce que tu vas faire ce week-end ?　この週末は何をするの？

Je vais visiter la ville de Kamakura.　鎌倉の町に行くんだよ。

♪ no.51, 52

cet après-midi　今日の午後	ce soir　今晩	ce week-end　この週末
la semaine prochaine　来週		pendant les vacances　休みの間

aller au cinéma 映画を観に行く	aller au concert コンサートに行く
faire des courses　買い物をする	faire la cuisine　料理をする
regarder la télé(vision)　テレビを見る	rester chez moi　家にいる

VOCABULAIRE　曜日と月の名前　♪ no.53

曜日と月の名前、それに「何月何日何曜日」のような日付の言い方を学びましょう。

月曜　lundi	火曜　mardi	水曜　mercredi	木曜　jeudi
金曜　vendredi	土曜　samedi	日曜　dimanche	

1月　janvier	2月　février	3月　mars	4月　avril
5月　mai	6月　juin	7月　juillet	8月　août
9月　septembre	10月　octobre	11月　novembre	12月　décembre

日付を言うときは数字の前に le をつけます。ただし 1 日だけ **le 1er** (= le premier) となります。

le 24 mars　3月24日　　le 1er juin 2016　2016年6月1日

le jeudi 14 juillet　7月14日木曜日

LEÇON 7 Avez-vous des bagages ?

♪ no.54

L'employé : Bonsoir, M. Simon. Avez-vous des bagages ?
M. Simon : Oui. Voici mon sac. Cette valise aussi est à moi.
L'employé : D'accord. Votre signature, s'il vous plaît. Merci, Monsieur. Vous avez la chambre 27.
M. Simon : Au fait, ma voiture est garée devant l'hôtel.
L'employé : Pas de problème.

GRAMMAIRE さまざまな疑問文 / 所有形容詞

♪ no.55

1）**疑問文の作り方**　フランス語の疑問文の作り方には、次の３つの方法があります。

a）**語尾のイントネーションを上げる**

日常会話では多くの場合、この方法を使います。書くときは語尾に ? をつけます。

C'est le vélo de Jacques. → C'est le vélo de Jacques ?
これはジャックの (1　　　　) ですか？

b）**文頭に Est-ce que をつける**

あとに続く文が疑問文であることがよりはっきりと示されます。**うしろが il や elle など母音字または無音の h で始まるとき、que はエリジョンして qu' となります。**

[2　　　　　　] vous avez un stylo ?　ペンをお持ちですか？
*Est-ce qu'*elle chante bien ?　彼女は歌が上手ですか？

c）**主語と動詞を倒置させる**

倒置した主語と動詞はハイフンで結びます。やや改まった言い方で、文章語で多く用いられます。

[3　　　　　　] le cinéma ?　映画はお好きですか？（← Vous aimez ... ?）

EN PLUS 倒置疑問文の場合は、次の点にも注意しましょう。

- 主語が **il**, **elle**, **on** で、**動詞が母音で終わる**場合は、動詞のあとに t の音をはさんで **-t-il**, **-t-elle**, **-t-on** を続けます。

  A-t-elle soif ?　彼女は (4　　　　　　) いるのですか？

  Parle-t-on français ici ?　ここではフランス語が話されていますか？

- 主語が代名詞ではなく名詞のときは、**名詞はそのままにして**、その名詞をさす**代名詞を倒置**して動詞のうしろに置きます。

  Sophie vient-[5　　　] aujourd'hui ?　ソフィは今日は来ますか？

  Ces magasins sont-ils ouverts le dimanche ?　これらの店は日曜も開いていますか？

♪ no.56

2) 所有形容詞

「私の」「あなたの」などの意味を表す語を所有形容詞といいます。フランス語の所有形容詞は、あとに続く名詞の性・数によって形が変わります。

	男性単数	女性単数	複数（男女共通）
私の	[6　　　]	**ma (mon)**	**mes**
君の	**ton**	**ta (ton)**	**tes**
彼・彼女（それ）の	**son**	**sa (son)**	[7　　　]
(8　　　　　)	**notre**		**nos**
あなた（たち）の	**votre**		**vos**
彼・彼女ら（それら）の	**leur**		**leurs**

「私の」「君の」「彼・彼女の」は、うしろが女性単数でも母音字または無音の h で始まる名詞のときは mon, ton, son になります。

Mon père travaille dans une usine.　私の父は (9　　　　) で働いています。

Michel et Jeanne emmènent *leurs* enfants au parc d'attractions.

ミシェルとジャンヌは子どもたちを遊園地に連れていきます。

EN PLUS 所有形容詞が性・数の一致をするのはあくまでうしろの名詞に関してであり、所有者の性や数ではないことに注意しましょう。

[10　　] photo　　彼の または 彼女の　写真［単数］

ses livres　　彼の または 彼女の　本［複数］

leur voiture　　彼らの または 彼女らの　自動車［単数］

Exercices

1 次の文を、それぞれ a. Est-ce que を用いた疑問文と b. 倒置による疑問文に書き換えなさい。

1) Vous allez au marché ?（あなたは市場に行きますか？）

a. ....

b. ....

2) Il parle bien anglais ?（彼は英語を上手に話しますか？）

a. ....

b. ....

2 日本語の意味になるように、(　)に適当な所有形容詞を入れなさい。

1) 私の携帯電話 (　　　) portable
2) 君のいとこ (　　　) cousine
3) 彼の妹 (　　　) sœur
4) あなたの帽子 (　　　) chapeau
5) 彼らの村 (　　　) village
6) 私たちの両親 (　　　) parents

3 次のそれぞれの疑問文について、最初の語句に続く返答の文を考えて書きなさい。

1) Est-ce que vous aimez votre classe ?（あなたは自分のクラスが好きですか？）

— Oui, ...

2) Ce sont ses livres ?（これは彼女の本ですか？）

— Non, ...

3) Les trains sont-ils en retard ?（電車は遅れているのですか？）

— Non, ...

4) Tu cherches mon frère ?（君は僕の弟を探しているの？）

— Oui, ...

ACTIVITÉ　Ma sœur est lycéenne. 私の妹は高校生です。

♪ no.57

下の単語リストを参考にして、家族の誰かを皆に紹介しましょう。

Je vous présente ma sœur.　私の妹を紹介します。
Elle est lycéenne.　彼女は高校生です。
Elle est gentille.　彼女はやさしいです。

♪ no.58, 59, 60

père 父	mère 母	grand-père 祖父	grand-mère 祖母
frère 兄、弟	sœur 姉、妹	oncle おじ	tante おば
cousin, cousine いとこ			

étudiant(e) 大学生	lycéen(ne) 高校生	collégien(ne) 中学生
employé(e) 会社員・職員	professeur 教師	commerçant(e) 商人

gentil(le) やさしい	méchant(e) 意地悪	sévère 厳しい
drôle 面白い	intelligent(e) 頭がいい	

VOCABULAIRE　前置詞

♪ no.61

よく使われる主なフランス語の前置詞をここで覚えてしまいましょう。

à	～に、～で (to, at)	de	～の、～から (of, from)
sur	～の上に (on)	sous	～の下に (under)
dans	～の中に (in)	en*	～に (in)
pour	～のために (for)	par	～によって (by)
avec	～と、～で (with)	sans	～なしで (without)
avant	[時] ～の前に (before)	après	～のあとに (after)
devant	[場所] ～の前に (in front of)	derrière	～のうしろに (behind)
chez	～の家で		

＊ en は多くの場合、うしろに冠詞のつかない名詞が続きます。

Leçon 8 Je ne dors pas assez !

♪ no.62

Antoine	:	Tu as un petit boulot au Japon ?
Akira	:	Oui, je travaille dans une taverne.
Antoine	:	Ah bon ? Raconte ! Ce n'est pas trop dur ?
Akira	:	Si ! Je commence à six heures du soir. Et je finis mon boulot vers minuit. Donc, je ne dors pas assez !

Grammaire -ir 形の動詞 / 命令形

♪ no.63

1) 第二群規則動詞（-ir 形）

フランス語の動詞で、**-er** 形の第一群規則動詞に次いで多いのが、**-ir** 形の動詞です。なかでも finir などの動詞は第二群規則動詞と呼ばれています。

finir「終える」の活用

je	fin**is**	nous	[2]
tu	fin**is**	vous	fin**issez**
il	[1]	ils	fin**issent**
elle	fin**it**	elles	fin**issent**

第二群規則動詞には他に agir（行動する）、[3]（選ぶ）、réussir（成功する）、saisir（つかむ）などがあります。また grandir（大きくなる）、rougir（赤くなる）など、形容詞から派生した動詞の多くもこのグループに入ります。

Je *finis* mon travail avant midi. 私は (4) までに仕事を終えます。
Nous *choisissons* des livres intéressants. 私たちは面白い本を選びます。

♪ no.64

2) -ir 形の不規則動詞

-ir 形の動詞でも、**partir**, **sortir**, **dormir** などは第二群規則動詞とは異なる活用をする不規則動詞です。これらの動詞はお互いに共通する活用パターンを持っています。

partir「出発する」の活用			
je	[5]	nous	partons
tu	pars	vous	partez
il	part	ils	[6]
elle	part	elles	partent

partir の活用を、sortir, dormir の活用と比べてみましょう。このパターンの動詞には他に sentir（感じる）、servir（給仕する、役立つ）などがあります。

sortir（外出する）— je sors　nous sortons
dormir（眠る）— je [7]　nous dormons

Vous partez en train ? あなたは電車で行くのですか？
Ils dorment jusqu'à neuf heures. 彼らは９時まで眠っています。

♪ no.65

3）命令形

フランス語の命令文は、その対象となる相手によって、**tu, vous, nous** に対する３種類の命令形があり、それぞれ tu, vous, nous に対応する動詞の形で主語を省略して作ります。nous に対する命令形は「(8)」と、英語の Let's の意味になります。

	tu に対し	vous に対し	nous に対し
regarder	Regarde	[9]	Regardons
choisir	Choisis	Choisissez	Choisissons
aller	Va	Allez	Allons

-er 形規則動詞と aller については、tu の形の語尾にある **s** が省略されます。また **être** と **avoir** の命令形は次のような特殊な形になるので知っておきましょう。

	tu に対し	vous に対し	nous に対し
être	[10]	Soyez	Soyons
avoir	Aie	Ayez	Ayons

Allons ensemble à la bibliothèque. いっしょに図書館に行きましょう。
Soyez sages, les enfants. みんな、おとなしくしていなさい。

否定命令文は命令形の動詞を ne と pas ではさんでつくります。

Ne regarde pas la télévision. テレビを見てはいけません。
N'ayez pas peur de poser des questions. 質問することを恐れないで。

Exercices

1 次の２つの文を、それぞれ主語を変えて言ってみましょう。

1) Elle réussit à son examen. （彼女は試験に合格します。）

a. 君　　b. 私たち

c. ピエールとジャン (Pierre et Jean)

2) Je ne sors pas aujourd'hui. （私は今日は出かけません。）

a. 私の兄 (mon frère)　　b. 君たち

c. 彼女たち

2 次の３つの動詞について、tu・vous・nous に対する命令形をそれぞれ書きなさい。

1) rentrer（帰る） (tu) .... (vous) ....

(nous) ....

2) partir（出発する） (tu) .... (vous) ....

(nous) ....

3) être（～である） (tu) .... (vous) ....

(nous) ....

3 次の日本語の文を、(　) の中の語句を用いてフランス語の文にしなさい。原形の動詞は活用させて使い、他にも適当な語を補いなさい。

1) 子どもたちはまだ寝ているのですか？ (dormir, encore, enfants)

....

2) 宿題を５時までに終わらせなさい。 (avant, cinq, devoirs, finir, heures)

....

3) 明日は私の家に来ないでください。 (chez, demain, moi, venir)

....

4) この木の葉は秋には赤くなります。 (arbre, automne, feuilles, rougir)

....

ACTIVITÉ　Où est la station de métro ?　地下鉄の駅はどこですか？

♪ no.66

下の会話を参考にして、道順を尋ねたり、教えたりする会話を練習しましょう。

Pardon, Monsieur !
Où est la station de métro ?

すみません！
地下鉄の駅はどこですか？

Allez tout droit,
prenez la première rue à gauche.
C'est sur votre droite.

まっすぐ行って、
最初の通りを左に曲がりなさい。
それは右側にありますよ。

♪ no.67, 68

la gare 駅	la poste 郵便局	la banque 銀行
le musée 美術館	l'hôpital 病院	la bibliothèque 図書館
le supermarché スーパーマーケット		

tout droit まっすぐ	à droite 右に	à gauche 左に
deuxième / troisième ２番目の / ３番目の		

VOCABULAIRE　数字の言い方 (60 ～)

♪ no.69

60 よりも大きい数字の言い方を覚えましょう。フランス語では 60 から 99 までは 20 進法になります。難しいですが、少しずつ慣れましょう。

60	**soixante**	100	**cent**
69	**soixante-neuf**	101	**cent un**
70	**soixante-dix**	200	**deux cents**
71	**soixante et onze**	201	**deux cent un**
72	**soixante-douze**		
79	**soixante-dix-neuf**	1 000	**mille**
		2 000	**deux mille**
80	**quatre-vingts**	10 000	**dix mille**
81	**quatre-vingt-un**		
90	**quatre-vingt-dix**		

LEÇON 9 Pourquoi est-ce que tu étudies le français ?

♪ no.70

Antoine :	Saki, pourquoi est-ce que tu étudies le français ?
Saki :	D'abord parce que j'aime sa musicalité. Et puis, c'est une langue importante dans le monde.
Antoine :	Et comment tu fais pour apprendre la langue ?
Saki :	Je prends des cours dans une Alliance française.

GRAMMAIRE 疑問詞① / 動詞 faire と prendre

♪ no.71

1）疑問詞の使い方

疑問詞を知っておくと、日常でさまざまな質問をすることが可能になります。疑問詞の数は限られているので、早く確実に覚えてしまいましょう。

[1] ?	いつ？	Où ?	どこ？
Comment ?	どのように？	Pourquoi ?	なぜ？
Qui ?	(2) ？	Que / Quoi ?	何？
Combien ?	いくつ？ いくら？		

「何を（に）？」というときは、文の先頭に **Qu'est-ce que ... ?** をつけるか、文中に [3] を挿入して疑問文を作ります。また「何が？」は Qu'est-ce qui ... ？となります。

Qu'est-ce que vous cherchez ?　　何を探しているのですか？

Tu cherches *quoi* ?　　何を探しているの？

疑問詞を使った疑問文は、やや形式的な表現からくだけた言い方まで、①疑問詞のあとに倒置の文を続ける、②疑問詞のあとに **est-ce que** をつける、③ふつうの文中に疑問詞を挿入するなど、さまざまな作り方があります。

Pourquoi étudiez-vous l'art ?　　あなたはなぜ芸術を勉強するのですか？

Quand est-ce qu'elle arrive ?　　彼女はいつ到着するのですか？

Nathalie va au cinéma avec *qui* ?　　ナタリーは誰と映画に行くの？

♪ no.72

2) faire の活用と用法

faire は「する、作る」の意味をもち、フランス語でも最も応用範囲の広い動詞のひとつです。

faire「する、作る」の活用

je	fais	nous	[5]
tu	fais	vous	faites
il	[4]	ils	font
elle	fait	elles	font

Qu'est-ce qu'on va *faire* ensuite ? – On va *faire* des courses.
次は何をしましょうか？ ― (6) に行きましょう。

Ils *font* un film d'action. 彼らはアクション映画を作っています。

EN PLUS faire には覚えておきたい次のような用法もあります。

① <**faire** + 動詞の原形> で「～させる」という**使役**の意味を表します。

Il *fait apporter* de l'eau. 彼は水を持って来させます。

② **Il fait...** で「天候」を表します。この Il は英語の It に相当する非人称の主語です。

Il fait [7] / mauvais. いい天気です。/ 天気が悪いです。
Il fait chaud / froid. 暑い / 寒いです。

cf. Il pleut. 雨が降っています。 Il neige. 雪が降っています。

♪ no.73

3) prendre の活用と用法

prendre「取る」は、他にも「乗る」「食べる」などさまざまな意味を持つ動詞です。

prendre「取る」の活用

je	[8]	nous	prenons
tu	prends	vous	prenez
il	prend	ils	prennent
elle	prend	elles	[9]

Elle *prend* des photos de ses parents. 彼女は両親の写真を撮ります。
Prenons un taxi pour aller à la gare. 駅に行くのにタクシーに乗りましょう。

EN PLUS prendre の派生語には **comprendre**（理解する）、**apprendre**（学ぶ）などがあります。

comprendre	（理解する）	―	je [10]	nous comprenons
apprendre	（学ぶ）	―	j'apprends	nous apprenons

Exercices

1 日本語の意味になるように、それぞれの（　　）に適当な疑問詞を入れなさい。

1) カトリーヌは日本滞在の間にどこに行くのですか？
( ) Catherine va-t-elle pendant son séjour au Japon ?

2) あなたは何を見ているのですか？
( ) est-ce que vous regardez ?

3) 今晩彼の両親は誰と出かけるの？
Ses parents sortent avec ( ) ce soir ?

2 次の２つの文を、それぞれ主語を変えて言ってみましょう。

1) Il fait des études de sociologie. （彼は社会学を研究しています。）
a. 私　　b. ミサキ (Misaki)
c. あなた

2) Je prends un taxi jusqu'à la gare. （私は駅までタクシーに乗ります。）
a. 君　　b. 私たち (on)
c. 彼ら

3 日本語の意味になるように、下から適当な動詞を選び正しく活用させて入れなさい。

1) Qu'est-ce que vous ( ) comme boisson ?
（飲み物はなにになさいますか？）

2) Je ne ( ) rien à ce livre. （この本は全然理解できません。）

3) Il ( ) plutôt frais ce matin. （今朝はどちらかというと涼しいですね。）

4) Elles ( ) le français depuis cinq ans.
（彼女たちは５年前からフランス語を学んでいます。）

(apprendre, comprendre, faire, prendre)

ACTIVITÉ Ça fait combien ? いくらになりますか？

♪ no.74

パン屋での会話を参考にして、フランス語で買い物ができるように練習しましょう。

Bonjour, Madame. Vous désirez ? — いらっしゃいませ。何になさいますか？

Bonjour. Je voudrais deux croissants et un pain au chocolat, s'il vous plaît. — クロワッサンを２個とパン・オ・ショコラを１個ください。

C'est tout ? — それだけですか？

Je voudrais aussi une baguette. Ça fait combien ? — それにバゲットも１本ください。いくらになりますか？

Ça fait 3,40 euros. (...) Merci, Madame. Bonne journée ! — 3 ユーロ 40 です。(...) ありがとうございます。いい一日を！

♪ no.75

un croissant 0,80 € クロワッサン
un pain au chocolat 0,90 € チョコレートパン
un pain aux raisins 0,95 € レーズンパン
une brioche 0,90 € ブリオッシュ
un croissant aux amandes 1,40 € アーモンドクロワッサン
une baguette 0,90 € バゲット
une baguette campagnarde 1,25 € 田舎風バゲット
un pain complet 1,70 € 全粒粉パン
un pain de seigle 1,70 € ライ麦パン

VOCABULAIRE ユーロの使い方

♪ no.76

毎日の生活でも旅行でも、お金のやりとりは欠かせません。ユーロによる金額の表し方をぜひ知っておきましょう。

- ユーロ (euro, €) は男性名詞で、2 ユーロ以上は複数の s がつきます。また母音字で始まるので、数字と発音がリエゾン・アンシェヌマンします*。
  *ただし９€はふつうリエゾンしません。

  36 € = trente-six euros

- ユーロの 100 分の 1 の単位をサンチーム (centime) といいます。フランス語では小数点をコンマで示し、次のように言い表します。

  25,80 € = 25 € 80 = vingt-cinq euros quatre-vingts (centimes)

LEÇON 10 Je suis allé au cinéma.

♪ no.77

Mme Masson : Akira, qu'est-ce que tu as fait aujourd'hui ?

Akira : J'ai eu deux cours le matin. Et, l'après-midi, je suis allé voir le nouveau *Star Wars* au cinéma avec Théo.

Mme Masson : Tu as aimé le film ?

Akira : Les effets spéciaux sont impressionnants. Mais Théo a dormi ! C'est incroyable !

GRAMMAIRE 複合過去

♪ no.78

1）複合過去の作り方

フランス語で最も普通に使われる過去形が**複合過去**です。次のように avoir や être の現在形と動詞の過去分詞形を組み合わせて作るので、「複合」過去と呼ばれます。

作り方 …… [**avoir** または **être** の現在形] ＋ [動詞の過去分詞形]

- ほとんどの動詞では avoir を使って複合過去を作りますが、**場所の**（1　　　）**や状態の変化**を表す動詞の場合には être を使います。
- 過去分詞の作り方は、-er 形の動詞の場合 chanter → [2　　　　] となります。

♪ no.79

2）avoir を使う複合過去

chanter の複合過去「歌った」

j'	**ai**	chanté	**nous**	**avons**	chanté
tu	**as**	chanté	**vous**	[3　　]	chanté
il	**a**	chanté	**ils**	**ont**	chanté
elle	**a**	chanté	**elles**	**ont**	chanté

EN PLUS 作り方は英語の現在完了形と同じですが、フランス語の複合過去は「～した」という過去の意味も、「～してしまった、～したことがある」のような現在完了の意味も表現することができます。

-er 形も含めたさまざまな動詞の過去分詞形も覚えておきましょう。

parler (**-er** 形) 話す	→	parl**é**	finir (-**ir** 形) 終える	→	fin**i**
faire する、作る	→	[4]	prendre 取る	→	pris
être ～である	→	[5]	avoir 持っている	→	eu

Nous *avons écouté* plusieurs chansons. 私たちは何曲かの歌を聴きました。
Anne *a fait* de la salade avec sa sœur. アンヌは妹といっしょにサラダを作りました。
Il n'*a* pas encore *fini* de manger. 彼はまだ食べ終わっていません。

♪ no.80

3) être を使う複合過去

場所の移動や**状態の変化**を表す動詞の場合は être を使って複合過去を作ります。このとき、過去分詞は主語に (6) **が一致**して変化することに注意しましょう。

partir の複合過去「出発した」

je	**suis**	parti**(e)**	**nous**	[8]	parti**(e)s**
tu	**es**	parti**(e)**	**vous**	**êtes**	parti**(e)(s)**
il	**est**	parti	**ils**	**sont**	parti**s**
elle	**est**	[7]	**elles**	**sont**	parti**es**

être を使う過去形では、過去分詞は主語に性・数が一致し、**女性単数は -e**、男性複数は -s、**女性複数は -es** がつきます。

être を使って複合過去を作る動詞には、次のようなものがあります。過去分詞といっしょに覚えておきましょう。

aller 行く	→	allé	arriver 着く	→	arrivé
partir 出発する	→	parti	sortir 外出する	→	sorti
venir 来る	→	venu	devenir なる	→	[9]

EN PLUS 他に entrer（入る → entré)、rentrer（帰る → rentré)、naître（生まれる → né)、mourir（死ぬ → mort）なども être を使って複合過去を作る動詞です。

Léa *est* [10] vers neuf heures. レアは 9 時頃に出かけました。
On *est allés** à l'exposition hier. 私たちは昨日展覧会に行きました。
*ここでの on は「私たち」の意味なので、過去分詞には複数の -s がついています。

Exercices

1 次の２つの文を、それぞれ主語を変えて言ってみましょう。

1) Nous avons fait un concert. （私たちはコンサートをしました。）

a. 私　　b. あなたたち
c. そのロックグループ　(ce groupe de rock)

2) Il est allé en excursion. （彼は遠足に行きました。）

a. 君　　b. セシル (Cécile)
c. その学生たち (ces étudiantes)

2 日本語の意味に合うように、下の動詞から適当なものを選んで過去分詞形にし、文を完成させなさい。

1) Tu as déjà (　　　　　) ton petit déjeuner ? （君はもう朝食は食べたの？）

2) Ces garçons sont (　　　　　) très tôt dans la matinée.
（その少年たちは朝の早いうちに出発しました。）

3) Elle n'a jamais (　　　　　) d'études d'économie.
（彼女は経済学の勉強をしたことがありません。）

4) J'ai (　　　　　) trois cours aujourd'hui. （今日は３つの授業を受けました。）

(avoir, entrer, faire, partir, prendre)

3 次のそれぞれの疑問文について、最初の語句に続く返答の文を考えて書きなさい。

1) Vos parents sont arrivés ici hier ? （あなたの両親は昨日ここに着いたのですか？）

— Oui, ...

2) Vous avez déjà visité Nice ? （あなたはもうニースを訪れたことがありますか？）

— Non, ...

3) Elle a joué au tennis avec toi ? （彼女は君とテニスをしたの？）

— Oui, ...

ACTIVITÉ **Qu'est-ce que tu as fait hier ?** 昨日は何をしたの？

♪ no.81

クラスの人たちと、昨日、あるいは前の週末にしたことについて会話してみましょう。

Qu'est-ce que tu as fait hier ? 昨日は何をしたの？

Hier, j'ai eu deux cours à la fac et, le soir, j'ai dîné avec Sylvie. 昨日は大学で２つ授業があって、夜はシルヴィと夕食を食べたよ。

♪ no.82, 83

ce matin 今朝	cet après-midi 今日の午後	hier soir 昨日の晩
le week-end dernier 前の週末		la semaine dernière 先週

faire des courses 買い物をする	faire mon petit boulot アルバイトをする
sortir avec des amis 友だちと出かける	voir* un film 映画を見る
aller à mon club 部活に行く	lire* un livre 本を読む

*voir（見る）の過去分詞は vu、lire（読む）の過去分詞は lu となります。

VOCABULAIRE 先週・今週・来週などの言い方

♪ no.84

過去・現在・未来を表すさまざまな語彙を知っておきましょう。「前の～」というときは **dernier / dernière**、「次の」というときは **prochain / prochaine** を使います。

hier 昨日	aujourd'hui 今日	demain 明日
la semaine dernière 先週	cette semaine 今週	la semaine prochaine 来週
le mois dernier 先月	ce mois-ci 今月	le mois prochain 来月
l'année dernière 去年	cette année 今年	l'année prochaine 来年
il y a trois jours ３日前（に）	***dans*** une semaine １週間後（に）	

LEÇON 11 Est-ce que je dois changer de train ?

♪ no.85

Théo	:	Je voudrais un aller-retour pour Strasbourg.
L'employée	:	15 euros 50, Monsieur.
Théo	:	Voilà. Merci. Est-ce que je dois changer de train ?
L'employée	:	Non, c'est un train direct. Il part à 8 heures 25.
Théo	:	D'accord. C'est quel quai, s'il vous plaît ?

GRAMMAIRE 疑問詞② / 動詞 vouloir・pouvoir・devoir

♪ no.86

1) 疑問形容詞 quel

quel は「どの～ですか」あるいは「～はどんな（何）ですか」のように、形容詞の働きをする疑問詞です。形容詞と同じように、名詞に性・数が一致して形が変わります。

男性単数	**quel**	女性単数	[1]
男性複数	**quels**	女性複数	**quelles**

quel は <**quel + 名詞 ?**>「どの～ですか？」あるいは <**quel est ... ? / quels sont ... ?**>「～は何（どんな）ですか？」のような形を使って疑問文を作ります。

(à) quelle heure ?「(2)(に)？」は、とくによく使われるので覚えておきましょう。

Tu préfères *quelle* saison de l'année ? 君は一年のどの季節が好き？
Quels sont les films de ce réalisateur ? この監督の映画は何ですか？

2) 動詞 vouloir・pouvoir・devoir

♪ no.87

vouloir「～がほしい、～したい」

je	[3]	nous	voulons
tu	veux	vous	[4]
il	veut	ils	veulent
elle	veut	elles	veulent

vouloir は英語の want に相当する動詞で、うしろに名詞がくると「～がほしい」、動詞の原形がくると「～したい」の意味になります。

Tu *veux* du thé ? お茶、ほしい？

Elles *veulent* aller étudier en France. 彼女たちはフランスに留学したがっています。

EN PLUS **Je voudrais** は「～がほしいのですが、～したいのですが」と、ていねいに希望を伝える表現です。また **Voulez-vous ... ?** は「～してもらえますか？」と相手にものを頼む表現になります。

Je [5 　　　] avoir un plan de la ville. この町の地図がほしいのですが。

Voulez-vous venir avec moi ? 私といっしょに来てもらえますか？

♪ no.88

pouvoir「～できる」

je	peux	nous	pouvons
tu	peux	vous	pouvez
il	[6 　　]	ils	peuvent
elle	peut	elles	[7 　　]

pouvoir は英語の can に相当する動詞で、うしろに動詞の原形を伴います。

Vous pouvez répondre à cette question ? この (8 　　) に答えられますか？

EN PLUS **Je peux / Est-ce que je peux ... ?** は「～してもいいですか？」と、許可を求める表現になります。**Pouvez-vous ... ?** は「～していただけますか？」と相手にものを頼む表現です。

Est-ce que je peux prendre cette brochure ?

このパンフレットをもらってもいいですか？

♪ no.89

devoir「～しなければならない、～にちがいない」

je	dois	nous	devons
tu	dois	vous	devez
il	[9 　　]	ils	doivent
elle	doit	elles	doivent

devoir もうしろに動詞の原形を伴います。英語の must の２つの意味を持っています。

Je *dois* arriver à l'hôtel à cinq heures. 5時にホテルに着かなくてはいけません。

EN PLUS [10 　　　] もうしろに動詞の原形を伴い、「～しなければならない」という意味を表します。動作の主体は文脈で判断します。またうしろが名詞のときは「～が必要だ」の意味になります。

Il faut finir ce travail avant vendredi matin.

金曜の午前までにこの仕事を終えなくてはいけません。

Exercices

1 次の各文について、(　　) の中に疑問形容詞 quel を適当な形にして入れなさい。

1) (　　　　　　) livres choisissez-vous ?（あなたはどの本を選びますか？）

2) (　　　　　　) est votre couleur préférée ?（好きな色はどれですか？）

3) Il vient de (　　　　　　) pays ?（彼はどこの国から来ているのですか？）

4) (　　　　　　) sont les fleurs de l'automne ?（秋に咲く花は何ですか？）

2 次の３つの文を、それぞれ主語を変えて言ってみましょう。

1) Je veux aller en Belgique. (私はベルギーに行きたいです。)
   a. 彼女　　　　b. 私たち

2) On peut manger de la choucroute ici.（ここではシュークルートが食べられます。）
   a. 君　　　　b. あなた

3) Tu dois arriver là à six heures.（君はそこに 6 時に着かなくてはいけないよ。）
   a. あなたたち　　　　b. その小包 (le colis)

3 次のそれぞれの疑問文に対する返答として、最も適当なものを下の a ～ d から選びなさい。

1) Que voulez-vous boire ?

2) Qu'est-ce que je dois faire maintenant ?

3) Voulez-vous ouvrir la fenêtre ?

4) Est-ce que je peux entrer dans cette salle ?

a. Oui, je vous en prie.

b. Je veux bien un peu de thé.

c. Pouvez-vous préparer le dîner ?

d. Bien sûr ! Il fait chaud ici.

ACTIVITÉ　**Qui est à l'appareil ?** どちらさまですか？

♪ no.90, 91

次の電話による会話表現を見て、ロールプレイで練習してみましょう。

Allô ? Qui est à l'appareil ?　　もしもし、どちらさまですか？

Bonjour, Madame. Je m'appelle Junya Seto. Je voudrais parler à M. Simon.　　こんにちは。私はセトジュンヤといいます。シモンさんとお話ししたいのですが。

Ne quittez pas, Monsieur.　　しばらくお待ちくださいね。

……

Bonjour, Monsieur. Est-ce que je peux parler à Mme Dupont, s'il vous plaît ?　　こんにちは。デュポンさんとお話しできますでしょうか？

Elle n'est pas là maintenant. Voulez-vous laisser un message ?　　彼女は今おりません。よろしければ伝言しましょうか？

VOCABULAIRE　住居に関する語彙

♪ no.92

フランスの住居形態を知るとともに、住まいに関連する語彙にもなじんでおきましょう。

la maison 一軒家	l'appartement アパルトマン	le studio ワンルーム
l'immeuble （アパルトマンなどの）建物全体		l'ascenseur エレベーター
l'escalier 階段	le rez-de-chaussée 1階	le premier étage 2階

le salon サロン、応接間	la salle de séjour 居間	la salle à manger 食堂
la cuisine キッチン	la chambre 寝室	la salle de bains 浴室
les toilettes トイレ	le jardin 庭	

LEÇON 12 Les gens d'Osaka sont plus chaleureux.

♪ no.93

M. Simon :	Y a-t-il aussi des stéréotypes entre Japonais ?
Akira :	On dit que les gens d'Osaka sont plus chaleureux qu'à Tokyo.
M. Simon :	C'est un peu comme Paris et la province ?
Akira :	Oui et non. Les habitants d'Osaka ont aussi la réputation d'être les gens les plus impatients de l'Archipel.

GRAMMAIRE 比較級と最上級

ここでは比較表現について学びます。フランス語の比較級・最上級は、いくつかの基本的な語を組み合わせるだけなので、英語に比べるとずっと簡単です。

♪ no.94

1）比較級

フランス語の比較級については、まず次の３つの基本的な表現を覚えましょう。

a)	… よりも ～ だ	**plus ～ que ...**
b)	… と同じくらい ～ だ	[1] **～ que ...**
c)	… ほど ～ ない	**moins ～ que ...**

フランス語の比較級は、英語のように形容詞や副詞が語尾変化をすることはなく、上の構文を当てはめるだけで簡単に比較の意味を表すことができます。

英語では「…ほど～ない」という less ～ than ... はほとんど話し言葉で使われることはありませんが、フランス語の moins ～ que ... は日常的に用いられます。

Claire est *plus grande que* Françoise.　クレールはフランソワーズよりも背が高いです。
Aujourd'hui, il fait *aussi froid qu'*hier.　今日は昨日と同じくらい (2) です。
Je marche [3] *vite que* ma sœur.　私は姉ほど歩くのが速くありません。

名詞の数量を比較する場合には、**plus de** ～「より多くの～」、[4] **de** ～「同じくらいの～」、**moins de** ～「より少ない～」を用います。比較の対象は **que** ... で示します。
Hélène a *autant de* livres *que* moi.　エレーヌは私と同じくらい本を持っています。

EN PLUS plus や moins を使った表現には、**de plus en plus**（ますます）や **au moins**（少なくとも）のような熟語もあります。

♪ no.95

2）最上級

比較を表す plus や moins に**定冠詞**をつけると、最上級を表す表現になります。「(5 　　　)」という意味の **de** とセットにして覚えておきましょう。

a)	… のうちで最も ～ だ	**le (la, les) plus ～ de …**
b)	… のうちで最も ～ ない	**le (la, les) moins ～ de …**

形容詞を使った最上級のときは、その形容詞が説明する名詞の性・数によって冠詞が **le**, **la**, **les** と変化します。

フランス語の最上級も、英語のように形容詞や副詞が語尾変化をすることはありません。上の構文を当てはめるだけです。

Jeanne est la fille *la plus* [6 　　　　] *de* la classe.
ジャンヌはクラスでいちばん活発な女の子です。

Ce réfrigérateur est *le moins* cher *du* magasin.
この (7 　　　　) は店でいちばん安いです。

♪ no.96

3）bon と bien の比較級・最上級

比較級・最上級の構文において、ふつう形容詞や副詞は形が変わりませんが、形容詞 bon と副詞 bien は例外で、特殊な変化形を持っています。

	比較級	最上級	
bon（形）よい、おいしい	**meilleur(e)(s)(que …)**	**le meilleur, la** [8 　　　　] **les meilleur(e)s**	**(de …)**
bien（副）よく、上手に	[9 　　　　] **(que …)**	**le mieux**	**(de …)**

Lucie est *meilleure que* moi en mathématiques. （リュシーは私より数学が得意です。）
Elle dessine *le mieux de* nous tous. （彼女は私たち全員のうちで最もデッサンが上手です。）

EN PLUS mieux を使った表現も重要なものがあるので知っておきましょう。

[10 　　　] **mieux !** それはよかった ⇔ Tant pis ! それは残念
de mieux en mieux ますますよく、ますます上手に etc.

Exercices

1 日本語の意味になるように、下から適当な語を選んで文を完成させなさい。

1) フランス語はロシア語ほど難しくありません。

Le français est (　　　　　) difficile que le russe.

2) このパティスリーのタルトは、この界隈でいちばんおいしいです。

Les tartes de cette pâtisserie sont (　　　　　) meilleures du quartier.

3) シャルロットはルイーズと同じくらいスポーツ好きです。

Charlotte est (　　　　　) sportive que Louise.

4) シルヴァンはセシルよりも野菜をたくさん食べます。

Sylvain mange (　　　　　) de légumes que Cécile.

5) 弟は私よりずっとピアノを上手に弾きます。

Mon frère joue du piano beaucoup (　　　　　) que moi.

(aussi, la, les, meilleur, mieux, moins, plus)

2 次のデータを見て、その内容に合うように、あとの文の (　　) に適当な語を入れなさい。

身長　176cm
100m走　14秒6
フランス語　13点
英語　16点

Henri

身長　161cm
100m走　19秒1
フランス語　18点
英語　16点

Judith

1) Henri est (　　　　　) grand que Judith.

2) Judith fait beaucoup (　　　　　) en français qu'Henri.

3) Henri est (　　　　　) fort en anglais que Judith.

4) Judith est (　　　　　) forte en français qu'en anglais.

5) Judith court (　　　　　) vite qu'Henri.

ACTIVITÉ Votre passeport, s'il vous plaît. パスポートをお願いします。

♪ no.97

飛行機でフランスに到着した時の、空港での会話をロールプレイで練習してみましょう。

Bonjour, Monsieur. Votre passeport, s'il vous plaît. — こんにちは。パスポートをお願いします。

Voilà. — はい、どうぞ。

Vous êtes étudiant ? — あなたは学生ですか？

Oui, je suis étudiant. — はい、学生です。

Vous restez combien de temps en France ? — フランスにはどのくらいの間滞在しますか？

Quatre semaines. — 4 週間です。

Vous êtes en vacances ? — ヴァカンスですか？

Oui, je suis en vacances. — はい、ヴァカンスです。

Merci, Monsieur. Bon voyage ! — ありがとうございました。ではいい旅を！

VOCABULAIRE 旅行に関する語彙

♪ no.98

フランス語圏などを旅行する時のために、旅行に関連する単語などを知っておきましょう。

une valise スーツケース	un bagage à main 手荷物	
une carte d'étudiant 学生証		
un avion 飛行機	un aéroport 空港	un passeport パスポート
un train 列車	un TGV 高速鉄道	un métro 地下鉄
le départ 出発	l'arrivée 到着	

覚えておきたいフランス語の基本動詞 80

フランス語で最もよく使われる基本的な動詞を並べています。活用番号はこのあとの動詞活用一覧の番号に対応しています。

	活用番号	意味	例
acheter	1-3a	買う	acheter un livre　本を買う
adorer	1-2	大好きである	adorer la pop　ポップスが大好き
aider	1-2	手伝う	aider son père　父の手伝いをする
avoir	2	持っている	avoir un frère　兄（弟）がいる
aimer	1-2	好む	aimer le cinéma　映画が好き
aller	3	行く	aller à la gare　駅に行く
appeler	1-3b	呼ぶ	appeler un médecin　医者を呼ぶ
apprendre	5	学ぶ	apprendre le piano　ピアノを習う
arriver	1-2	着く	arriver à la fac　大学に着く
attendre	6	待つ	attendre un ami　友だちを待つ
boire	8	飲む	boire du vin　ワインを飲む
chanter	1-1	歌う	chanter une chanson　歌を歌う
chercher	1-1	探す	chercher un travail　仕事を探す
choisir	4-1	選ぶ	choisir un gâteau　お菓子を選ぶ
commencer	1-3c	始める	commencer à manger　食べ始める
comprendre	5	理解する	comprendre l'anglais　英語を理解する
connaître	8	知っている	connaître Sylvie　シルヴィを知っている
courir	4-3	走る	courir vite　速く走る
coûter	1-1	値段が…する	coûter dix euros　10ユーロする
croire	8	信じる	croire que ...　…と思う
danser	1-1	踊る	danser avec elle　彼女と踊る
déjeuner	1-1	昼食を食べる	déjeuner dehors　外で昼食を食べる
demander	1-1	尋ねる、頼む	demander l'addition　勘定を頼む
désirer	1-1	望む	désirer la victoire　勝利を望む
devenir	3	なる	devenir célèbre　有名になる
devoir	7	…しなければならない	devoir acheter　買わなければならない
dîner	1-1	夕食を食べる	dîner avec lui　彼と夕食を食べる
dire	8	言う	dire que ...　…と言う
donner	1-1	与える	donner un cadeau　プレゼントをあげる
dormir	4-2	眠る	dormir bien　よく眠る
écouter	1-2	聞く	écouter du jazz　ジャズを聞く
écrire	8	書く	écrire une lettre　手紙を書く
entendre	6	聞こえる	entendre du bruit　物音が聞こえる
entrer	1-2	入る	entrer dans la salle　部屋に入る
envoyer	1-3d	送る	envoyer un e-mail　メールを送る

être	2	…である	être en France　フランスにいる
essayer	1-3d	…しようとする	essayer de voir　見ようとする
étudier	1-2	勉強する	étudier l'art　芸術の勉強をする
faire	5	する、作る	faire des courses　買い物をする
fermer	1-1	閉める	fermer la porte　扉を閉める
finir	4-1	終える	finir ses devoirs　宿題を終える
habiter	1-2	住む	habiter à Nara　奈良に住む
inviter	1-2	招待する	inviter des amis　友だちを招く
jouer	1-1	遊ぶ	jouer dans le jardin　庭で遊ぶ
lire	8	読む	lire un roman　小説を読む
manger	1-3c	食べる	manger du poisson　魚を食べる
marcher	1-1	歩く	marcher dans la forêt　森の中を歩く
mettre	8	置く	mettre ses chaussures　靴をはく
monter	1-1	上がる、乗る	monter dans le train　電車に乗る
ouvrir	4-3	開ける	ouvrir une boîte　箱を開ける
parler	1-1	話す	parler français　フランス語を話す
partir	4-2	出発する	partir tôt　早く出発する
passer	1-1	通る、過ごす	passer son temps 時間を過ごす
payer	1-3d	払う	payer vingt euros　20 ユーロ払う
penser	1-1	思う	penser que ...　…と思う
pouvoir	7	…できる	pouvoir venir　来ることができる
préférer	1-3a	より好む	préférer le café　コーヒーの方が好き
prendre	5	取る	prendre un taxi　タクシーに乗る
préparer	1-1	準備する	préparer le dîner　夕食の準備をする
regarder	1-1	見る	regarder la télé　テレビを見る
rentrer	1-1	帰る	rentrer à huit heures　8 時に帰る
répéter	1-3a	繰り返す	répéter une phrase　文を繰り返し言う
répondre	6	答える	répondre aux questions　質問に答える
réussir	4-1	成功する	réussir son examen　試験に合格する
revenir	3	戻る	revenir à la maison　家に戻る
savoir	8	知っている	savoir que ...　…と知っている
servir	4-2	給仕する	servir un café　コーヒーを出す
sortir	4-2	外出する	sortir à cinq heures　5 時に出かける
téléphoner	1-1	電話する	téléphoner à Jean　ジャンに電話する
tenir	3	持つ、つかむ	tenir un portable　携帯電話を手に持つ
tomber	1-1	落ちる、転ぶ	tomber par terre　地面に倒れる
tourner	1-1	回る、曲がる	tourner à gauche　左に曲がる
travailler	1-1	働く	travailler dans un café　カフェで働く
trouver	1-1	見つける	trouver un studio　ワンルームを見つける
utiliser	1-2	使う	utiliser un dictionnaire　辞書を使う
venir	3	来る	venir au Japon　日本に来る
visiter	1-1	訪ねる	visiter un musée　美術館を訪ねる
voir	8	見える、会う	voir un film　映画を見る
vouloir	7	ほしい、したい	vouloir partir　出発したい
voyager	1-3c	旅行する	voyager au Canada　カナダを旅する

動詞活用表

活用表の番号は、前の動詞リストの番号に対応しています。パターンごとの特徴をつかんで、効率よく覚えていきましょう。

1. 第一群規則動詞 (-er 形)

1-1 第一群規則動詞（子音で始まるもの）

chanter	je chante	nous chantons
歌う	tu chantes	vous chantez
	il chante	ils chantent
	elle chante	elles chantent
複合過去……	j'ai chanté	nous avons chanté
(avoir を使うもの)	tu as chanté	vous avez chanté
	il a chanté	ils ont chanté
	elle a chanté	elles ont chanté

1-2 母音または無音の h で始まる第一群規則動詞

aimer	j'aime	nous aimons
好む、愛する	tu aimes	vous aimez
	il aime	ils aiment
	elle aime	elles aiment
複合過去……	j'ai aimé	nous avons aimé

1-3 変則的な活用をする第一群規則動詞

a) アクサンがつくか、アクサンの向きが変わるもの

acheter	j'achète	nous achetons
買う	tu achètes	vous achetez
	il achète	ils achètent
	elle achète	elles achètent
préférer	je préfère	nous préférons
より好む	tu préfères	vous préférez
	il préfère	ils préfèrent
	elle préfère	elles préfèrent

b) 子音を重ねるもの

appeler 呼ぶ	**j'appelle** **tu appelles** **il appelle** **elle appelle**	**nous appelons** **vous appelez** **ils appellent** **elles appellent**
cf. s'appeler ～という名前だ ～と呼ばれる	**je m'appelle** **tu t'appelles** **il s'appelle** **elle s'appelle**	**nous nous appelons** **vous vous appelez** **ils s'appellent** **elles s'appellent**

c) nous だけ活用が異なるもの

commencer 始める	**je commence** **tu commences** **il commence** **elle commence**	**nous commençons** **vous commencez** **ils commencent** **elles commencent**
manger 食べる	**je mange** **tu manges** **il mange** **elle mange**	**nous mangeons** **vous mangez** **ils mangent** **elles mangent**

d) y が i に変わるもの

essayer* 試みる	**j'essaie** **tu essaies** **il essaie** **elle essaie**	**nous essayons** **vous essayez** **ils essaient** **elles essaient**
payer* 払う	**je paie** **tu paies** **il paie** **elle paie**	**nous payons** **vous payez** **ils paient** **elles paient**

* j'essaye, je paye と活用することもあります。

2. être と avoir

être	je suis	nous sommes
～である、ある、いる	tu es	vous êtes
	il est	ils sont
	elle est	elles sont
複合過去……	j'ai été	nous avons été

avoir	j'ai	nous avons
持っている	tu as	vous avez
	il a	ils ont
	elle a	elles ont
複合過去……	j'ai eu	nous avons eu

3. aller と venir

aller	je vais	nous allons
行く	tu vas	vous allez
	il va	ils vont
	elle va	elles vont
複合過去……	je suis allé(e)	nous sommes allé(e)s
(être を使うもの)	tu es allé(e)	vous êtes allé(e)(s)
	il est allé	ils sont allés
	elle est allée	elles sont allées

venir	je viens	nous venons
来る	tu viens	vous venez
	il vient	ils viennent
	elle vient	elles viennent
複合過去……	je suis venu(e)	nous sommes venu(e)s

* **tenir**（持つ）も（複合過去で avoir を使うことを除いて）venir と同じ活用パターンです。

4. -ir 形の動詞

4-1 第二群規則動詞

finir 終える	je finis tu finis il finit elle finit	nous finissons vous finissez ils finissent elles finissent
複合過去……	j'ai fini tu as fini il a fini elle a fini	nous avons fini vous avez fini ils ont fini elles ont fini

4-2 partir などのグループ

partir 出発する	je pars tu pars il part elle part	nous partons vous partez ils partent elles partent
複合過去……	je suis parti(e)	nous sommes parti(e)s
dormir 眠る	je dors tu dors il dort elle dort	nous dormons vous dormez ils dorment elles dorment
複合過去……	j'ai dormi	nous avons dormi

4-3 それ以外の -ir 形不規則動詞

courir 走る	je cours tu cours il court elle court	nous courons vous courez ils courent elles courent
複合過去……	j'ai couru	nous avons couru

ouvrir 開く	j'ouvre tu ouvres il ouvre elle ouvre	nous ouvrons vous ouvrez ils ouvrent elles ouvrent
複合過去……	j'ai ouvert	nous avons ouvert

5. faire と prendre

faire する、作る	je fais tu fais il fait elle fait	nous faisons vous faites ils font elles font
複合過去……	j'ai fait	nous avons fait
prendre 取る	je prends tu prends il prend elle prend	nous prenons vous prenez ils prennent elles prennent
複合過去……	j'ai pris	nous avons pris

* apprendre（学ぶ）、comprendre（理解する）も同じ活用パターンです。

6. attendre などのグループ

attendre 待つ	j'attends tu attends il attend elle attend	nous attendons vous attendez ils attendent elles attendent
複合過去……	j'ai attendu	nous avons attendu

7. vouloir, pouvoir, devoir

vouloir ～がほしい、 ～したい	je veux tu veux il veut elle veut	nous voulons vous voulez ils veulent elles veulent
複合過去……	j'ai voulu	nous avons voulu

pouvoir できる	je peux tu peux il peut elle peut	nous pouvons vous pouvez ils peuvent elles peuvent
複合過去……	j'ai pu	nous avons pu

devoir 〜しなければならない、〜にちがいない	je dois tu dois il doit elle doit	nous devons vous devez ils doivent elles doivent
複合過去……	j'ai dû	nous avons dû

8. その他の不規則動詞（アルファベ順）

boire 飲む	je bois tu bois il boit elle boit	nous buvons vous buvez ils boivent elles boivent
複合過去……	j'ai bu	nous avons bu

connaître 知っている	je connais tu connais il connaît elle connaît	nous connaissons vous connaissez ils connaissent elles connaissent
複合過去……	j'ai connu	nous avons connu

croire 信じる、思う	je crois tu crois il croit elle croit	nous croyons vous croyez ils croient elles croient
複合過去……	j'ai cru	nous avons cru

dire 言う	je dis tu dis il dit elle dit	nous disons vous dites ils disent elles disent
複合過去……	j'ai dit	nous avons dit

écrire 書く	j'écris tu écris il écrit elle écrit	nous écrivons vous écrivez ils écrivent elles écrivent
複合過去……	j'ai écrit	nous avons écrit

lire 読む	je lis tu lis il lit elle lit	nous lisons vous lisez ils lisent elles lisent
複合過去……	j'ai lu	nous avons lu

mettre 置く	je mets tu mets il met elle met	nous mettons vous mettez ils mettent elles mettent
複合過去……	j'ai mis	nous avons mis

savoir 知っている	je sais tu sais il sait elle sait	nous savons vous savez ils savent elles savent
複合過去……	j'ai su	nous avons su

voir 見る、見える、会う	je vois tu vois il voit elle voit	nous voyons vous voyez ils voient elles voient
複合過去……	j'ai vu	nous avons vu

クロワッサン 1
基礎からわかるフランス語 改訂版

検印
省略

© 2024年1月30日 改訂初版発行
著 者　松 村 博 史
バンドロム・エディ
発行者　小 川 洋 一 郎
発行所　株式会社 朝 日 出 版 社
101-0065 東京都千代田区西神田 3-3-5
電話直通 (03)3239-0271/72
振替口座 00140-2-46008
https://www.asahipress.com/

組 版　有限会社ファースト
印 刷　図書印刷株式会社

乱丁、落丁本はお取り替えいたします。
ISBN978-4-255-35359-3 C1085

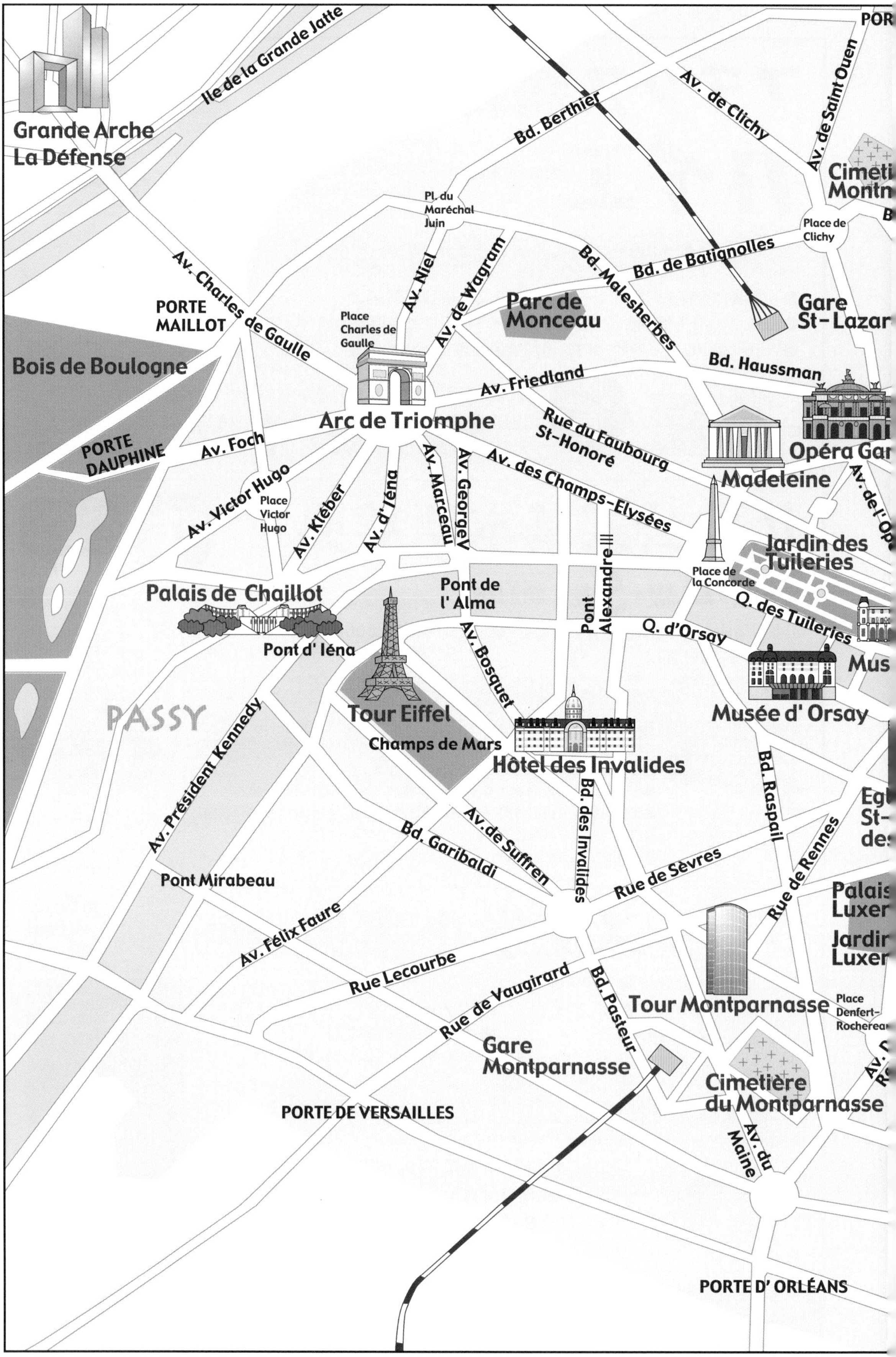

Grande Arche
La Défense
Ile de la Grande Jatte
Bd. Berthier
Av. de Clichy
Av. de Saint Ouen
Pl. du
Maréchal
Juin
Place de
Clichy
Av. Charles de Gaulle
PORTE
MAILLOT
Av. Niel
Av. de Wagram
Bd. Malesherbes
Bd. de Batignolles
Parc de
Monceau
Place
Charles de
Gaulle
Gare
St-Lazar
Bois de Boulogne
Bd. Haussman
Av. Friedland
Arc de Triomphe
Rue du Faubourg
St-Honoré
Madeleine
PORTE
DAUPHINE
Av. Foch
Av. Victor Hugo
Place
Victor
Hugo
Av. Kléber
Av. d' Iéna
Av. Marceau
Av. GeorgeV
Av. des Champs-Elysées
Jardin des
Tuileries
Place de
la Concorde
Palais de Chaillot
Pont de
l' Alma
Pont
Alexandre III
Q. d'Orsay
Q. des Tuileries
Pont d' Iéna
Av. Bosquet
Musée d' Orsay
PASSY
Av. Président Kennedy
Tour Eiffel
Champs de Mars
Hôtel des Invalides
Bd. Raspail
Bd. des Invalides
Av. de Suffren
Bd. Garibaldi
Pont Mirabeau
Rue de Sèvres
Rue de Rennes
Av. Félix Faure
Rue Lecourbe
Rue de Vaugirard
Bd. Pasteur
Tour Montparnasse
Place
Denfert-
Gare
Montparnasse
Cimetière
du Montparnasse
PORTE DE VERSAILLES
Av. du
Maine
PORTE D' ORLÉANS